야구 데이터로 배우는 파이썬

사이토 아마네 저 / 고범석 역

YoungJin.com Y.
영진닷컴

야구 데이터로 배우는
파이썬

ISBN 978-89-314-7876-1

독자님의 의견을 받습니다

이 책을 구입한 독자님은 영진닷컴의 가장 중요한 비평가이자 조언가입니다. 저희 책의 장점과 문제점이 무엇인지, 어떤 책이 출판되기를 바라는지, 책을 더욱 알차게 꾸밀 수 있는 아이디어가 있으면 이메일, 또는 우편으로 연락주시기 바랍니다. 의견을 주실 때에는 책 제목 및 독자님의 성함과 연락처(전화번호나 이메일)를 꼭 남겨 주시기 바랍니다. 독자님의 의견에 대해 바로 답변을 드리고, 또 독자님의 의견을 다음 책에 충분히 반영하도록 늘 노력하겠습니다.

주 소 (우)08510 서울특별시 금천구 디지털로9길 32 갑을그레이트밸리 B동 1001호
등록 2007. 4. 27. 제16-4189호
이메일 support@youngjin.com

저자 사이토 아마네 | **역자** 고범석 | **책임** 김태경 | **진행** 김용기, 박지원
표지 디자인 강민정 | **본문 디자인 · 편집** 이경숙
영업 박준용, 임용수, 김도현, 이윤철 | **마케팅** 이승희, 김근주, 조민영, 김민지, 김진희, 이현아
제작 황장협 | **인쇄** 제이엠

이 책의 구성

이 책은 총 5개의 챕터로 구성되어 있습니다. 각 챕터의 주요 내용은 다음과 같습니다.

CHAPTER 1 – Python으로 무엇을 할 수 있을까?
프로그래밍이 어떻게 도움이 되는지, 프로그래밍 언어 중 특히 Python이 어떤 강점을 가지고 있는지 설명합니다.

CHAPTER 2 – 데이터로부터 그래프를 작성해 보자
원형 그래프, 막대 그래프, 꺾은선 그래프, 히스토그램 등 그래프 작성을 실습 형식으로 설명합니다.

CHAPTER 3 – Python의 기초를 배우자
Python 코드의 기초를 설명합니다.

CHAPTER 4 – 고객 데이터를 분석해 보자
매출 분석, 집객 분석, SNS 분석 방법을 설명합니다.

CHAPTER 5 – 데이터 분석을 효과적으로 활용하는 "전달 방법"
분석만으로 그치지 않고 분석 결과를 성과로 연결하는 전달 방법을 배웁니다.

"프로그래밍" – 이 단어를 들었을 때, 여러분은 어떤 이미지를 떠올리시나요?

- **흥미는 있지만 배우기 어렵고 시간이 많이 걸릴 것 같다.**
- **수입이 높고 매력적이지만 이과가 아니면 할 수 없을 것 같다.**
- **무엇보다도 어려울 것 같다.**

이러한 인상을 가진 분들도 많을 것입니다. 한편, 이미 프로그래밍에 접해 "새로운 지식을 습득하고 싶다"라고 이 책을 집어 든 분들도 있을 것입니다.

이 책은 실제 야구 데이터를 사용하여 CHAPTER 2에서는 그래프 작성을, CHAPTER 3에서는 Python의 기초를, CHAPTER 4에서는 경영에 유용한 분석 방법을, 그리고 CHAPTER 5에서는 분석 결과의 전달 방법을 설명합니다.

데이터 분석 방법을 초보자도, 이미 프로그래밍에 접한 경험이 있는 사람도 모두 모두 즐길 수 있도록 집필했습니다. 본편에 들어가기 전에, 다음 페이지에서 이 책을 즐기는 방법을 소개합니다.

이 책을 즐기는 방법

갑작스럽지만, 하나의 코드를 보여드리겠습니다. 이것은 이 책에 등장하는 코드의 예입니다. 자, 여러분은 ❶~❸ 중 어느 타입인가요?

```
01  #구종명과 각 평균 구속을 리스트에 저장
02  x = ['패스트볼', '커터', '스위퍼', '커브', '스플리터']
03  y = [Fastball['speed_km'].mean(), Cutter['speed_km'].
    mean(),Sweeper['speed_km'].mean(), Curve['speed_km'].mean(),
        Splitter['speed_km'].mean()]
04
05  #막대 그래프 작성
06  plt.bar(x, y)
07  plt.title('구종별 평균구속')
08  plt.show()
```

❶ 코드 자체를 처음 본다

❷ 코드를 본 적은 있지만, 의미는 모른다

❸ 코드의 의미를 안다

이 책은 야구 데이터를 통해 Python 프로그래밍을 학습할 수 있는 서적이지만, ❶~❸ 중 어떤 타입의 사람이라도 즐길 수 있도록 만들어졌습니다.

다음 페이지에서 각각의 즐기는 방법을 소개합니다.

① 코드 자체를 처음 본다

이 책에서 처음으로 코드를 본 사람은, 앞서 본 코드가 어려울 것 같다고 느꼈을지도 모릅니다. 그런 사람도 프로그래밍에 접하고 실습하면서 학습을 진행할 수 있도록 집필했습니다.

프로그래밍 학습 방법에는 여러 가지가 있지만, 이 책에서는 특히 직접 해보면서 배우는 것을 중요시합니다. 따라서 세부적인 의미는 이해하지 못하더라도, 우선 코드를 작성하고 실행하면서 프로그래밍의 즐거움을 느껴보세요.

학습의 진행 방법으로는 먼저 CHAPTER 2에 나오는 코드를 흉내 내면서 작성해보는 것이 좋습니다. 예시대로 코드를 작성하면 데이터 분석을 실행할 수 있으며, 몇 줄 정도의 간단한 코드에서 점차 레벨 업 해갑니다.

프로그램을 실행하는 즐거움을 느끼면서, 각각의 코드가 어떤 의미를 갖는지 배우면, 이해가 더욱 깊어집니다!

② 코드를 본 적은 있지만 의미는 모른다

코드를 본 적은 있지만, 그 의미는 모르는 사람은, 이 책에서 다양한 종류의 데이터 분석을 실습하면서 각각의 코드 의미를 배울 수 있습니다.

학습의 진행 방법으로는, CHAPTER 2와 CHAPTER 4에 나오는 데이터 분석 사례를 실행하면서 코드의 의미를 배워보세요.

구체적으로는 코드 뒤에 기재된 "코드의 설명"을 기반으로 코드의 어느 부분이 무엇을 나타내는지를 이해해 보세요.

코드의 설명

2행	조금 전에 작성한 구종별 데이터로부터 평균치를 산출하는 코드인 mean()을 이용해 각각의 평균구속을 산출하고 있습니다. 예를 들어, Fastball['speed_km'].mean()은 Fastball의 speed_km 예의 평균으로 되어 있습니다.
6행	plt.bar() → 2-4행에서 작성한 x와 y를 막대 그래프로 구상합니다. ※원형 그래프를 작성할 때에는 plt.pie(), 막대 그래프는 plt.bar()를 이용합니다.

익숙해지면 조금씩 코드를 수정해 보면서 코드의 의미와 작성 방법을 더 깊이 이해해가는 것도 추천합니다!

③ 코드의 의미를 안다

코드의 의미를 아는 사람도 즐길 수 있도록, 야구 데이터를 이용한 그래프 작성 등 기본적인 분석뿐만 아니라, 매출 · 집객 · SNS 등의 비즈니스에 관련된 분석도 설명했습니다. 또한, 비즈니스 현장에서 프로그래밍을 활용할 수 있도록, CHAPTER 5에서는 제가 지금까지 노력하며 터득한 "전달 방법"도 소개하고 있습니다.

학습의 진행 방법으로는, CHAPTER 4의 비즈니스 관련 데이터 분석 사례를 실행하면서, 프로그래밍의 활용 방법을 배워보세요.

새로운 시각으로 분석을 심화시키거나, 자신의 비즈니스에 활용하는 방법을 생각하면서 학습을 진행하면, 더욱 효과적으로 프로그래밍을 익힐 수 있을 것입니다.

프롤로그

필자가 프로그래밍의 세계에 뛰어든 계기는 아주 사소한 것이었습니다.

앞으로 IT가 더욱 세상을 바꿔나갈 것이라는 막연한 직감과 사회에 나가서도 도움이 되는 스킬을 익혀두고 싶다는 막연한 미래 전략.

그것이 저의 프로그래밍의 첫걸음이었습니다.

하지만 실제로 시작해 보니 상상 이상으로 험난한 길이었습니다. 오류의 산, 해결책도 짐작할 수 없는 복잡한 문제들… 프로그래밍의 세계는 마치 미지와의 조우였고, 여러 번 "포기"라는 두 글자가 떠올랐습니다.

그럼에도 불구하고 책이나 웹사이트를 통해 프로그래밍 학습을 계속하던 중, 당시 소속했던 도쿄 대학 야구부의 데이터 분석에 프로그래밍을 활용하는 아이디어가 떠올랐습니다.

기존에도 상대 팀의 데이터 분석은 이루어지고 있었지만, 많은 인원이 역할을 분담해 인력으로 데이터를 수집하고 분석하는 방식이었습니다.

그러나 프로그래밍을 활용하면 이 수고를 한꺼번에 효율화할 수 있을 것이라고 생각했습니다.

여기서 큰 전환점이 되었습니다.

Python을 배우는 동기가 "소속 야구부의 데이터 활용을 위해"로 명확해졌습니다.

그 후로는 프로그래밍 학습 방법도 확 바뀌었습니다. 이전에는 책이나 웹사이트에서 교과서적으로 학습했지만, 직접 해 보면서 만들고 싶은 것을 만들면서, 모르는 부분을 조사해 가며 배우는 스타일로 변화했습니다.

그러자 프로그래밍 학습 속도도 급격히 증가해, 어느새 데이터 분석을 자동으로 수행하는 애플리케이션을 자력으로 개발하게 되었습니다.

2년 전 지식 제로에서 시작한 것을 생각하면, 큰 진전입니다. 이러한 경험을 평가받아, 저는 어린 시절 꿈이었던 프로야구의 세계에서 일하게 되었습니다.

이런 경험을 통해 저는 두 가지 큰 발견이 있었습니다.

첫 번째는, 프로그래밍 학습은 많은 경우 교과서처럼 진행되지만, 실제로는 저 같은 완전 초보자가 첫걸음을 내딛는 데는 직접 해보면서 실용적으로 배우는 것이 효율적이라는 것입니다.

물론 이 방법에서는 분야 A에 대해 매우 자세히 알지만, 분야 B에 대해서는 거의 모르는 등 지식의 편중이 발생합니다.

그러나 프로그래밍의 용도는 애플리케이션 개발, 웹사이트 작성, 데이터 분석, 로봇 제어, AI 개발 등 다양하게 존재하며, 의사에게 전문 분야가 있듯 엔지니어에게도 전문 분야가 있습니다.

모든 것을 이해할 필요는 없습니다. 새로운 분야의 지식을 익혀야 할 필요가 있으면, 또다시 직접 해보면서 배워가면 됩니다.

따라서 초보자의 첫걸음으로는 처음부터 완벽히 이해하려고 하기보다는, 실제로 "직접 해보는 것"이 학습의 열쇠라고 생각합니다.

두 번째 발견은, 관심 있는 주제라면 프로그래밍 학습 속도가 급격히 빨라진다는 것입니다.

필자의 경우 학습에 사용하는 소재가 야구 데이터로 바뀐 덕분에, 일반적인 책이나 웹사이트로 학습할 때보다 다양한 어려움에 대해 더 끈기 있게 대응할 수 있었습니다.

예를 들어 경마를 좋아하는 사람이라면 경마 예측 프로그램을 만드는 것을 목표로 해도 좋고, 라면을 좋아하는 사람이라면 먹은 라면을 기록하는 애플리케이션 개발을 목표로 해도 좋습니다.

어쨌든 학습을 시작한 지 얼마 안 된 시기에는 코드의 이해나 에러 대응 등 인내력이 필요합니다. 따라서 관심 있는 주제가 아니면 학습을 계속하기 어렵습니다.

이러한 발견을 바탕으로 만들어진 것이 이 책입니다.

"좌절하지 않기"를 키워드로, 먼저 직접 해 보면서 배우는 것에 초점을 맞춘 내용입니다. 더욱이 오타니 쇼헤이 등 실제 야구 데이터를 소재로 학습할 수 있어, 야구를 좋아하는 사람들에게는 관심 있는 주제를 통해 실력을 키워갈 수 있습니다.

저 자신도 학습 초기에는 고생했지만, 각각의 작은 성공 경험이 쌓여서 결국 자신감으로 변해갔습니다. 이 책이 여러분에게 그런 성공 경험의 계기가 된다면, 더없는 기쁨일 것입니다.

마지막으로, 이 책을 손에 든 여러분에게 단 한 가지 부탁이 있습니다. 완벽을 목표로 하지 말고, 우선은 "직접 해보는 것" 그것이 학습의 열쇠이며, 프로그래밍의 즐거움을 발견하는 첫걸음입니다.

자, 이제 Python을 배우는 여정을 함께 떠나봅시다. 이는 단순한 프로그래밍 학습서가 아닙니다. 이는 당신이 프로그래밍을 통해 새로운 세계를 창조하는 여행의 시작입니다.

사이토 아마네

차례

CHAPTER 1 Python으로 무엇을 할 수 있나요?

CHAPTER 2 데이터로부터 그래프를 작성해 보자

CHAPTER 3 Python의 기초를 배우자

CHAPTER 4 고객 데이터를 분석해 보자

CHAPTER 5 데이터 분석을 효과적으로 활용하는 "전달 방법"

CHAPTER 1

Python으로 무엇을 할 수 있나요?

여기서는 데이터 분석에 도움이 되는 상황과 Python으로 하는 데이터 분석의 장점을, 데이터 분석 초보자였던 필자가 데이터 애널리스트가 된 과정과 함께 소개합니다.

PYTHON DATA ANALYSIS STADIUM

1-1 도쿄대 야구부의 연패를 멈춘 데이터 분석

"데이터 분석"과의 만남

필자는 도쿄대학 재학 중에 데이터 애널리스트로서 경식야구부에 소속되어 있었습니다.

도쿄대 야구부라고 하면, 연패 기록으로 주목받은 뉴스를 통해 들어본 적이 있을지도 모릅니다.

고교야구가 토너먼트전인데 비해, 대학 야구는 리그전 형식의 시합입니다. 도쿄대 야구부는 전국에서 가장 오랜 역사를 가진 도쿄 6대학 야구연맹에 소속되어 있습니다.

같은 리그에 소속된 대학은 전국 대회 우승 횟수가 가장 많은 호세이대, 2위인 메이지대, 4위의 와세다대 등 유수의 강호들뿐입니다. 야구 실력으로 진로를 결정해 온 야구 엘리트들에 비해, 학력으로 시험을 통과하여 입학한 도쿄대 학생이 야구에서 이기는 것은 결코 쉬운 일이 아닙니다.

저의 세대도 예외는 아니었습니다.

대학 3학년때까지 리그전 승리는 단 한 번도 없었습니다. 이대로는 승리를 한번도 경험하지 못한 채 졸업이라는 상황에 놓여 있었습니다.

그러던 중에 지푸라기라도 잡는 심정으로 눈여겨본 것이 "데이터 분석"이었습니다.

왜냐하면 일본 프로야구에서 2015년 이후 "트랙맨(TrackMan)"이라는 투구의 회전수나 변화량, 타구의 속도나 각도 등 다양한 데이터를 취득할 수 있는 기계를 도입하는 구단이 나타나면서, 야구계에도 이른바 빅데이터의 물결이 일기 시작했기 때문입니다.

야구의 기술면에서는 다른 대학에 뒤떨어지고, 보통 정면 승부로는 이길 수 없었습니다. 어떻게 하면 돌파구를 찾을 수 있을지? 이기는 방법을 필사적으로 찾은 결과, "데이터 분석"이라는 새로운 분야에서 선점 효과를 노려야겠다고 생각했습니다.

그래서 "도쿄대 야구부 DX 계획"이라고 칭하고, 데이터 분석에 본격적으로 임하기 시작했습니다.

역자 설명

도쿄 6대학 야구 연맹은 1903년에 와세다대와 게이오기주쿠대의 대항전을 시작으로 이후 메이지대, 호세이대, 릿쿄대, 도쿄대가 차례로 참가하여 1925년에 도쿄 6대학 야구 연맹을 발족하여 현재까지 이어지고 있습니다.

- 공식 홈페이지 : https://www.big6.gr.jp/

 데이터 분석에 도움이 되는 3가지 상황

다만, 필자는 원래 데이터 분석 경험이 있었던 것도, PC 활용을 잘했던 것도 아닙니다. 솔직히 말해서 "간신히 Excel을 다루는" 수준이었습니다.

그 때문에 데이터 분석도 처음에는 손으로 더듬는 상태였습니다.

그럼에도 도쿄대 야구부에서 승리를 경험하고 싶은 일념으로, 오로지 직접 해보면서 데이터 분석을 계속하다 보니, 이윽고 데이터 분석에 도움이 되는 3가지 상황이 보이기 시작했습니다. 야구뿐만 아니라 다양한 상황에 들어맞는다고 생각하기 때문에 여기에서도 자세히 소개하려 합니다.

① 목표 설정

목표 설정은 기업의 KPI와 같습니다.

여기서는 추상도가 높은 목표를 세분화하고 구체적인 목표까지 내려올 때 데이터 분석이 도움이 됩니다.

예를 들어, “다음 리그전에서 우승한다”라는 목표를 세웠다고 칩시다.

과거 데이터를 거슬러 올라가 우승팀의 득실점을 조사하면, “평균 득점 ○○ 이상 & 평균 실점 ○○ 이하”라는 목표가 보입니다.

또한, 득점과 안타의 관계를 조사함으로써, “1시합당 안타 ○개”라는 구체적인 목표를 세분화할 수 있습니다.

이렇게 목표의 해상도를 올리거나, 숫자를 통해 정량화함으로써, 팀이나 개인이 해야 할 일이 자연스럽게 보입니다.

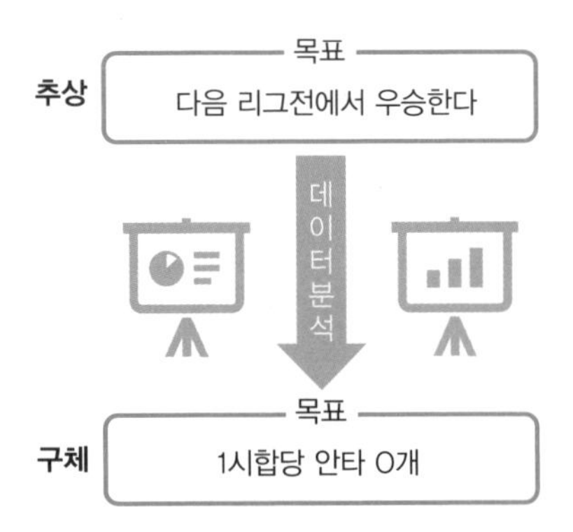

② 진행 상황의 시각화

목표 달성의 과정에는 시간이 걸립니다. 목표가 유명무실화되지 않도록, 항상 진행 상황을 파악할 수 있는 환경을 만드는 것이 중요합니다. 그리고 이 설정한 목표에 대한 진척도를 파악하는 데 데이터 분석이 도움이 됩니다.

예를 들어, 리그전 전에 연습 시합의 총 안타 수에 대해 목표와 현시점에서의 달성도를 그래프화해, 모두가 쉽게 확인할 수 있도록 기숙사의 식당에 붙이고 있었습니다.

③ 뒤돌아보기

뒤돌아보기란 목표의 달성도를 데이터로 정량적으로 평가하여, 다음 사이클을 향해 과제를 도출하는 것입니다.

목표를 달성할 수 있었던 경우도, 그렇지 않은 경우도 자세히 살펴보면 좋았던 점과 나빴던 점이 각각 있을 것입니다. 그래서 개별적으로 제대로 평가하도록 했습니다.

이 뒤돌아보기를 확실히 함으로써 “안타 수는 목표에 도달하지 않았지만 도루로 커버할 수 있었기 때문에, 득점 수는 목표에 도달했다”라든가, “이만큼 도루가 증가하면 상대는 경계해 오기 때문에, 다음은 안타를 늘리는 것에 주력하자” 등 다음 사이클의 목표 설정 시 정밀도를 높이는 데 도움이 됩니다.

데이터 분석의 주된 용도가 ① **목표 설정**, ② **진행 상황의 시각화**, ③ **뒤돌아보기**의 3개로 집약되는 것을 알고 나서는 ①~③의 사이클로 데이터를 활용해 “도쿄대 야구부 DX 계획”을 진행해 나갔습니다.

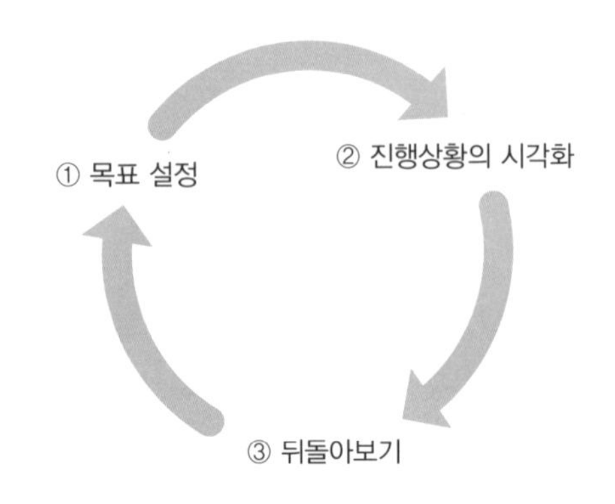

 마침내 연패가 멈추다

그리고 맞이한 춘계리그, 승리 없이 맞이한 최종전에서 드디어 그때가 왔습니다.

최다 전국 우승 횟수를 자랑하는 호세이대를 상대로 2-0으로 승리해, 64까지 쌓였던 연패를 멈출 수 있었습니다.

이는 전적으로 선수들의 노력 덕분이지만, 데이터 분석이라는 관점에서 조금이라도 기여할 수 있었던 것은 최고의 기쁨이었습니다.

데이터를 사용해 목표를 세분화해 나감으로써 목표로 해야 할 방향성이 명확해지고, 각각의 노력을 성과로 연결시키기 쉬워집니다.

또 데이터라고 하는 공통 언어가 생기면서, 조직 전체의 비전이나 전략을 공유할 수 있습니다. 이렇게 개인과 팀 전체 모두에게 레벨업을 지원할 수 있는 것이 데이터 분석의 매력입니다.

① 목표 설정, ② 진행 상황의 시각화 ③ 뒤돌아보기의 3가지는 비즈니스에 있어서도 유효한 데이터 분석 사이클입니다.

1-2 프로야구에서 활용되는 데이터 분석

각 구단에 배치된 "애널리스트"

도쿄대를 졸업한 후, 필자는 후쿠오카 소프트뱅크 호크스라는 프로야구팀에서 데이터 분석을 담당하고 있습니다.

최근에는 스포츠의 분야에서 데이터 분석을 수행하는 "스포츠 애널리스트"라고 불리는 사람들이 늘고 있으며, 프로야구에서도 각 구단마다 데이터 분석 담당자를 두고 있습니다.

야구의 데이터 분석이라고 하면 쉽게 상상이 가지 않을 수 있지만, 프로야구에서 데이터를 활용하는 방법으로 크게 ①편성, ②육성, ③전술의 3가지를 들 수 있습니다.

활용 사례 ①편성

첫 번째인 편성은 팀에 선수를 영입하는 일입니다.

영입할 선수와 방출할 선수를 판단할 때 데이터에 의한 분석은 필수적입니다.

예전에 브래드 피트가 주연하고 영화화되어 화제가 된「머니볼」에서는 주로 이 편성 면에서 데이터를 활용함으로써, 자금이 부족한 약소 구단이 강팀으로 변모한 실화가 그려져 있습니다.

활용 사례 ②육성

두 번째인 육성은 자팀의 선수를 강화하는 일입니다.

입단 당시부터 이미 1군에서 활약할 능력을 갖춘 선수는 거의 없기 때문에, 영입한 선수를 키우는 것이 필요합니다.

이를 위해, 극복해야 할 과제를 찾아내거나, 신체 사용 방법을 분석하여 폼 개선을 지원하는 등의 장면에서 데이터가 활용됩니다.

측정 기기의 발전 등으로 인해, 특히 최근에는 이 육성 면에서 데이터 분석을 통한 접근의 중요성이 높아지고 있습니다.

활용 사례 ③전술

세 번째인 전술은 시합에서의 작전이나 선수기용을 최적화하는 일입니다.

예를 들어, 투수의 경우에는 상대 타자의 약한 코스나 구종의 파악, 타자의 경우에는 노려야 할 공의 설정, 그리고 감독진의 선수 기용 등에도 데이터가 활용됩니다.

메이저리그에서는 데이터 분석에 의한 접근이 발전함에 따라 통계적으로 그다지 효과적이지 않다고 여겨지는 희생 번트의 수가 크게 감소한 것으로 알려져 있습니다.

1-3 Python이란?

인간과 컴퓨터를 연결하는 프로그래밍

컴퓨터는 우리의 생활 모든 면에서 활약하고 있습니다. 이러한 컴퓨터를 작동시키기 위해 필요한 "프로그램"이라는 지침서를 작성할 때 필요한 것이 프로그래밍 언어입니다. 이 프로그래밍 언어는 인간의 언어와 컴퓨터의 언어를 연결하는 역할을 갖고 있습니다.

현대의 컴퓨터 기술 세계에서는 많은 문제와 과제를 해결하기 위해 다양한 프로그래밍 언어가 존재하고 있습니다. 이러한 언어들은 각자 고유한 특징이나 강점을 가지고, 다른 용도나 목적에 맞춰서 개발되고 있습니다. 예를 들어, 웹 애플리케이션을 개발할 때는 "JavaScript"나 "Ruby on Rails"가 자주 사용되며, 시스템 개발이나 게임 개발에서는 "C++"나 "Java"가 많이 채택됩니다. 또한, 데이터베이스의 조작에 특화된 언어로는 "SQL"이 있으며, 통계 분석이나 데이터 해석의 분야에서는 "R"이 널리 알려져 있습니다.

프로그래밍 언어	용도 · 목적
"JavaScript" "Ruby on Rails"	웹 애플리케이션 개발
"C++" "Java"	시스템 개발 · 게임 개발
"SQL"	데이터베이스의 조작

"R"	통계 분석 · 데이터 해석
"Python"	웹 애플리케이션 개발 · 데이터 분석 · 인공지능의 연구

범용성이 높고 전 세계에서 사용되는 Python

그 중에서 최근 몇 년간 주목받고 있는 것이 "Python"입니다.

Python은 1991년에 귀도 반 로섬(Guido van Rossum)에 의해 발표되었습니다. 간단하고 읽기 쉬운 문법으로 인해, 초보자에게도 배우기 쉽다고 알려져 있습니다. 또한 Python은 다양한 용도에 사용되는 범용성이 높은 프로그래밍 언어로, 웹 애플리케이션부터 데이터 분석, 인공지능 연구에 이르기까지 다양한 분야에서 활용되고 있습니다.

범용성이 높은 이유는, Python에는 "라이브러리"라 불리는 유용한 도구들이 많이 있기 때문입니다. "라이브러리"의 예로 "pandas"나 "NumPy"는 데이터 분석에 도움이 되는 도구입니다. 그리고 "TensorFlow"나 "scikit-learn"은 인공지능이나 머신러닝의 프로그램을 만드는 데 사용됩니다. 이러한 도구들을 사용하면 복잡한 프로그램도 간단히 만드는 것이 가능합니다.

현재, 전 세계적으로 많은 사용자가 Python을 사용하고 있으며, Python에 관한 정보는 인터넷상에도 많이 있습니다.

프로그래밍을 할 때는 만들고 싶은 기능을 구현하기 위한 방법이나 오류 처리 방법 등을 몇 번이고 인터넷에서 찾아보게 됩니다. 따라서 많은 사용자가 있고 많은 정보가 공유되고 있는 것은 자신의 프로그램을 개선하거나 새로운 것을 배우는데 매우 큰 이점이 됩니다.

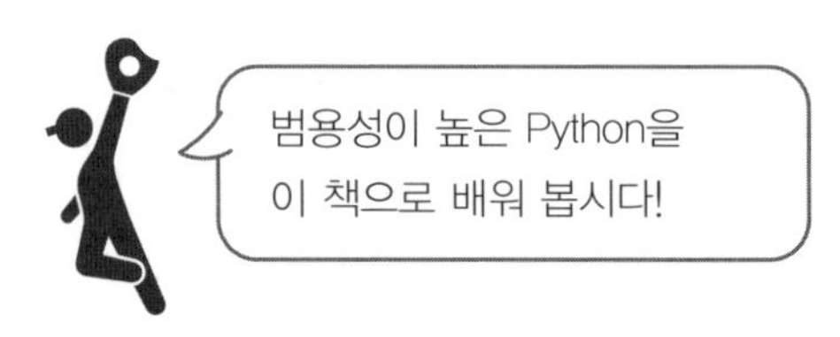

1-4 Python은 어디에서 도움이 되나요?

데이터 분석

인터넷의 보급과 디지털 기기의 진화로 인해, 현대 사회에서는 매일 방대한 양의 데이터가 생성되고 있습니다. 이 정보의 산에서 가치 있는 식견을 끌어내기 위해서는 데이터를 분석하고 식견을 이해하는 스킬이 필요합니다.

데이터 분석을 통해 얻은 통찰은 우리가 직면하고 있는 문제를 해결하고 새로운 가치를 창출하는 열쇠가 되기 때문에 모든 분야에서 그 중요성이 높아지고 있습니다.

Python을 이용하면 데이터를 효율적으로 처리하고 분석 결과를 시각적으로 알기 쉽게 표현할 수 있습니다. 그래서, Python은 데이터 분석의 영역에서 큰 역할을 하고 있습니다.

Python의 역할

구체적으로는 고객의 구매 행동을 분석하는 사례나 의료 분야에서 환자의 데이터를 분석하는 사례, 금융 분야에서 거래 이력을 분석하는 사례 등 다양한 분야에서 데이터 분석이 활용되고 있습니다.

AI · 머신러닝

수집된 데이터를 활용하기 위해서는 단순히 계산하거나 시각화하는 것뿐만 아니라, 많은 데이터 속에서 패턴을 찾아내는 것이 유효합니다.

여기서 사용되는 기술이 머신러닝으로, 대량의 데이터 속에서 규칙성이나 관계성을 찾아내어 예측이나 판단을 할 수 있습니다.

AI가 예측이나 의사결정을 할 때, 이 머신러닝이 자주 사용됩니다. 그리고 AI나 머신러닝의 영역에도 Python의 힘이 크게 발휘되고 있습니다.

Python에 준비된 라이브러리를 사용하면 복잡한 알고리즘이나 수학적인 지식이 없어도 기본적인 머신러닝의 모델을 구축할 수 있습니다.

AI나 머신러닝이 사용되는 가까운 예로는, 사진에 찍힌 사람의 얼굴을 인식하는 기능이나 SNS 등에서 추천 콘텐츠를 소개하는 기능, 인간의 지시에 대응하며 채팅으로 응답하는 기능 등이 있습니다.

AI나 머신러닝이라고 하면 뭔가 어렵게 느껴지지만, 사실은 우리 주변의 다양한 장면에서 널리 사용되고 있습니다.

웹 애플리케이션 개발

웹 애플리케이션의 개발에서도 Python을 사용하는 일이 있습니다.

Python에서 Flask나 Django와 같은 웹 애플리케이션 개발을 위한 인기있는 프레임워크가 제공되고 있습니다.

실제로 Python을 사용하여 개발된 웹 애플리케이션의 예로는 유튜브나 인스타그램(Instagram), 스포티파이(Spotify) 등이 있습니다. 이렇게 Python으로 전 세계적으로 사용되는 앱을 개발할 수 있다고 생각하면, 그 가능성에 가슴이 두근거리지 않나요?

작업의 자동화 · 효율화

Python을 사용하여 파일 관리, 스크래핑(웹이나 데이터베이스를 널리 탐색하여 특정 정보를 추출하는 방법), 데이터의 정리 등 일상의 번거로운 작업을 자동화할 수 있습니다.

예를 들어, 특정 폴더에 있는 파일을 자동으로 정리하거나, 정기적으로 특정 웹사이트에서 정보를 가져오는 프로그램을 만들 수 있습니다.

Python을 잘 활용하면 세세한 작업을 자동화하여 짧은 시간에 더 많은 성과를 낼 수 있게 됩니다.

Python을 배우면
여러분의 가능성이 넓어집니다!

1-5 데이터 분석 × Python으로 무엇을 할 수 있나요?

 데이터 분석으로 Python을 사용하는 장점

데이터 분석은 다양한 분야에서 활용되고 있지만, 숫자의 집계나 그래프의 작성은 엑셀로도 충분히 가능합니다.

그렇다면, 데이터 분석에 프로그래밍을 이용하는 것의 장점은 무엇일까요?

필자는 크게 다음 3가지의 장점이 있다고 생각합니다.

장점① 재사용

첫 번째의 장점은, 한번 작성한 프로그램을 여러 번 재사용할 수 있다는 것입니다.

정형화된 분석을 계속해서 수행하거나 복수의 데이터에 대해 같은 처리를 할 경우, 프로그램을 사용하지 않으면 매번 동일한 작업을 반복해야 합니다. 그러나, 프로그램을 사용하면 거의 수고를 들이지 않고 다시 분석할 수 있습니다.

또한, 엔지니어들 사이에서는 작성한 프로그램이나 발생한 오류 등을 공유하는 문화가 있기 때문에, 인터넷 상에서 비슷한 분석을 하고 있는 사람의 프로그램을 발견하는 일도 많습니다.

이처럼 프로그래밍을 활용하는 이점은, 자신이 작성한 것은 물론 다른 사람이 작성한 프로그램도 재사용할 수 있다는 것입니다.

장점② 라이브러리

두 번째 장점은, 데이터 분석을 위한 라이브러리가 풍부하다는 것입니다.

라이브러리란 자주 사용되는 프로그램을 모아서 간단히 사용할 수 있도록 만든 패키지입니다.

데이터 분석에 자주 사용되는 Python이나 R과 같은 프로그래밍 언어에는 데이터 분석을 위한 라이브러리가 풍부하게 준비되어 있어서, 몇 줄만 작성해도 다양한 분석을 실행할 수 있습니다.

또한, 라이브러리를 사용하여 데이터를 시각화할 때 커스터마이즈할 수 있는 부분이 많은 것도 매력적입니다.

그래프의 종류나 색, 축 등을 자유롭게 조정할 수 있어, 분석 결과를 전달할 때 이해하기 쉬운 자료를 작성할 수 있습니다.

장점③ 효율화

세 번째 장점은 대규모의 데이터 처리를 효율적으로 할 수 있다는 것입니다.

최근에는 "빅데이터"라는 말을 자주 듣게 되는데, 네트워크나 디바이스의 고도화로 인해 다양한 분야에서 대량의 데이터를 수집할 수 있게 되었습니다.

예를 들어, 엑셀 파일에서 결손값을 발견하여 처리하고 하고 싶은 경우 데이터가 소규모라면 수작업도 가능하지만, 수십만 행에 달하는 대규모 데이터의 경우에는 불가능합니다. 따라서, 데이터 양이 증가할수록 프로그래밍이 필수적입니다.

재사용할 수 있고, 알기 쉬운 자료를
작성할 수 있으며, 효율화를 도모할 수 있는
프로그래밍을 배워 봅시다!

Column

취업준비생이 프로야구 데이터 분석 담당이 되기까지

프로야구계는 전혀 생각하지 않았던 취업 활동

필자는 원래 프로야구계에 취직할 생각은 전혀 없었습니다. 프로야구의 데이터 분석 관련 구인 공고를 본 적도 없었고, 필자 자신에게 그런 능력이 있다고 생각하지 않았기 때문에 처음부터 선택지에 없었습니다.

이과 학부였던 필자의 주위 사람들은 대부분 대학원에 진학했지만, 저는 사회에 빨리 나가고 싶어서 취업 활동을 했습니다.

조금 이야기가 빗나갔지만, 코로나 시기에는 "에센셜 워커"가 자주 언급되었습니다. 의료, 인프라, 정치 등 사람들의 생활에 없어서는 안 되는 일을 하는 사람들을 말합니다. 필자는 코로나 시기를 겪으며 이러한 "에센셜" 분야에서 세상에 도움이 되고 싶다고 느꼈습니다. 농학부에 진학한 이유도 환경에 대해 배우기 위해서였기 때문에 의료, 환경, 정치의 세 가지 분야에 도전하고 싶었습니다.

또한, 원래 창업에 조금 관심이 있었기 때문에, 이 분야에 도전하는 회사를 만들면 좋겠다고 생각했습니다. 그러기 위해서도 우선 우수한 기업 문화를 가진 회사에 들어가고 싶다고 생각하여 취업할 곳을 찾았습니다.

취업 활동을 시작한 후에는 여러 회사를 지원하며 불합격하거나 합격하기도 했는데, 최종적으로 취직하게 된 회사와의 인연은 의외였습니다. 당시 야구부의 데이터 분석에 프로그래밍을 사용하고 싶기도 해서, 프로그래밍의 기술을 겨루는 "경기 프로그래밍"이라는 것을 공부하고 있었는데, 우연히 한 대회에서 입상하여 엔지니어로서의 제안을 받았습니다. 처음에는 그 회사에 취직할 생각이 없었지만, 제안을 계기로 그 회사에 관심을 가지고 되었고, 최종적으로 취직하기로 결정했습니다. 대학 3학년 2월쯤의 일이었습니다.

역자 설명

에센셜 워커(essential-worker)란 우리말로 번역하자면 필수 노동자라고 하여 재난 상황에서 사회 기능을 유지하기 위해 필요한 일을 수행하는 직업군의 사람들을 말하며, 다른 말로는 키 워커(key worker, 핵심 노동자)라고 부르기도 합니다. 이들은 보건의료, 돌봄, 안전, 치안, 교통, 물류 배달·택배 등의 직업군에서 일하는 이를 말하며, 코로나 시대를 겪으면서 필수 노동자들의 중요성과 사회적 가치에 대한 인식이 커지고 있습니다.

프로야구계를 목표로 하게 된 계기

취직할 곳도 정해졌고, 대학 학점도 남은 것은 졸업 논문만 남은 상태였기 때문에, 그때부터는 남은 시간을 야구부 활동으로 후회 없이 보내려고 생각했습니다.

그리고 맞이한 5월 23일. 필자에게 있어서 인생을 크게 바꿀 사건이 있었습니다.

6대학 춘계리그의 최종전에서 호세이대를 2대 0으로 이기며, 야구부에 들어온 당시부터 계속되던 연패가 64에서 멈춘 것입니다. 팀 동료들은 눈물을 흘렸고, 메이지신궁 구장의 관객들과 관계자분들이 기뻐해 주었습니다.

이때 필자는 "에센셜"하지 않은 것의 가치를 깨달을 수 있었습니다. "에센셜"한 것은 누구에게나 꼭 필요한 것이므로, 기본적으로 즐기거나 감동하는 대상은 아닙니다.

하지만 야구는 몇 만 엔이나 하는 나무 막대로 작은 공을 날리고, 그것을 몇 만 엔이나 하는 장갑으로 잡는, 그야말로 "불요불급(不要不急):중요하지도 않고, 급

하지도 않은" 활동이기 때문에, 사람들은 즐기거나 감동할 수 있는 것이라고 생각했습니다.

이것이 계기가 되어, 구체적인 비전은 솔직히 아직 별로 없었지만, 제 안에서 명확하게 프로야구계에의 취직을 하고 싶다는 마음을 가지게 되었습니다.

후쿠오카 소프트뱅크 호크스와의 계약

5월에 6대학의 춘계리그가 끝난 후, 프로야구 세계를 진지하게 의식하기 시작했지만, 일반적으로 구인 공고가 나오는 것은 아니었습니다. 애초에 제가 희망하는 데이터 분석의 작업이 존재하는지 여부도 불분명했습니다.

닥치는 대로 프로야구 구단에 전화를 걸어볼까 생각했지만, 구단으로부터 연락이 올 정도가 되지 않으면 안된다고 생각하고, 우선은 구단 쪽에서 인지할 수 있도록 발신에도 힘을 쏟기 시작했습니다.

그러던 어느 날, 야구부 앞으로 1통의 전화가 걸려왔습니다.

야구부의 매니저에게 연락을 받고 알려준 번호로 다시 전화를 걸었더니, 상대방은 후쿠오카 소프트뱅크 호크스 측으로, 내년부터 우리 구단에서 일하지 않겠느냐는 제안이었습니다.

나중에 들은 바에 의하면, X(Twitter)나 note를 통해 필자가 올린 내용이 운 좋게 구단의 사람에게 눈에 띄어 연락을 주셨다는 것이었습니다.

정말 갑작스러운 일이었지만, 필자의 "프로야구계에서 일하고 싶다"라는 꿈은 현실이 되었습니다. 얼핏 관계없어 보이는 프로그래밍이나 데이터 분석 덕분에 동경하던 세계에 들어갈 수 있었습니다.

CHAPTER 2

데이터로부터 그래프를 작성해 보자

이제 Python으로 분석을 해보겠습니다!

여기서 한 가지 부탁이 있습니다. 그것은, "우선" 어쨌든 코드를 쓰고, 그래프의 작성을 진행시켜 보는 것입니다.

처음 Python을 학습하는 사람에게는 장애물이 높다고 느껴지는 코드가 있을 수 있지만, 우선은 따라 해서 쓰고 실행해 보세요. 그래프를 만드는 기쁨을 여기서 함께 맛봅시다.

2-1 분석에 필요한 지식의 습득

Google Colaboratory에 접속하기

이 책에서 데이터 분석을 진행할 때에는 Google Colaboratory(이하 Colab)을 이용합니다.

Colab은 Google에서 제공하는 브라우저에서 Python을 실행할 수 있는 서비스입니다.

Colab에서는 환경 구축이 거의 필요 없기 때문에 초보자가 학습할 때 적합합니다.

지금 바로 아래의 링크를 통해 Colab에 접속해 봅시다.

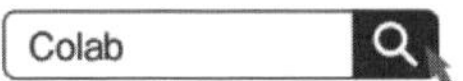

https://colab.research.google.com/?hl=ko

Google Colaboratory을 사용해 보자

Colab에 접속하면 다음과 같은 화면이 나타납니다.

좌측 상단의 "파일"에서 "Drive의 새 노트북"을 클릭합시다.

Google 계정에 로그인이 필요하므로 화면에 표시된 대로 로그인하면 이용할 수 있습니다.

 "Hello,World!"를 표시해 보자

새 노트가 생성되면, 사용 방법을 배워봅시다.

우선 최상단의 셀에 "print('Hello, World!')"라고 입력해 보세요.

참고로 화면에 "Hello, World!"를 표시하는 프로그램은 프로그래밍 언어를 배울 때의 첫걸음으로, 프로그래밍 언어 설치 후의 동작 확인을 위해 자주 사용됩니다.

다음으로, 작성한 프로그램을 실행합니다.

실행할 때에는 Shift + Enter 키를 누릅니다. 이후에도 코드를 작성했다면 Shift + Enter 키로 실행해 주세요.

아래와 같이 "Hello, World!"가 표시되면 성공입니다!

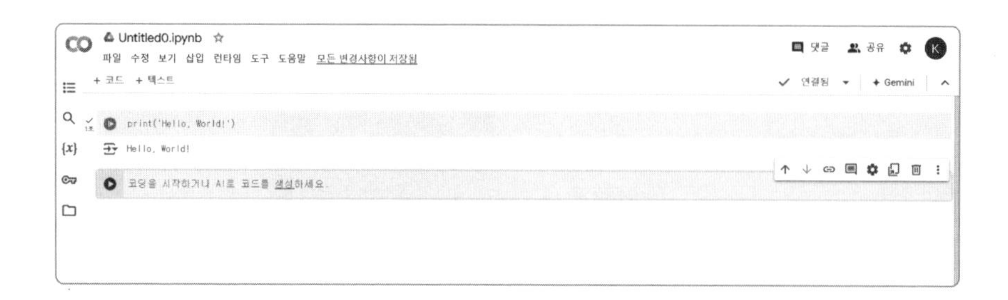

CHECK!

Print 함수

문자열이나 수치 등을 화면에 출력하는 함수를 말합니다.

데이터를 가져오기

Colab의 사용법을 이해했으면, 실제로 이번 분석에서 사용할 데이터를 가져와 봅시다.

print('Hello, World!')라고 작성한 셀의 다음 셀에 다음 코드를 작성해 보세요.

```
! pip install pybaseball
from pybaseball import statcast
```

무수히 많은 영어 글자들이 나타나지 않았나요?

맨 아래에 "Successfully installed pybaseball-2.2.7 pygithub-2.4.0 pynacl-1.5.0" 등이 적혀 있다면 성공입니다.

ERROR 등이 표시된 경우, 코드를 잘못 작성하지 않았는지 다시 한번 확인해 보세요.

CHECK!

pip
패키지를 관리하기 위한 툴입니다.

pip install
인터넷을 통해 간단히 설치할 수 있습니다.

from A import B
A라는 패키지로부터 B라는 모듈을 가져옵니다.

잘 실행이 되었다면, 다음으로 실제 데이터를 가져오겠습니다.

여기에서는 2023년 오타니 쇼헤이 선수의 투구 데이터를 주제로 분석을 진행할 것이므로, 먼저 2023년의 메이저리그 전체 데이터를 가져오겠습니다.

이때 실행할 코드는 다음과 같습니다.

```
data = statcast(start_dt='2023-03-30', end_dt='2023-10-01')
data.head()
```

정상적으로 실행되었다면, 다음 페이지와 같은 화면이 나오게 됩니다.

좌측 하단의 퍼센티지가 100%가 되면 2023년의 메이저리그 전체 데이터를 가져온 것입니다. 100%가 되기까지 몇 분 정도 걸릴 수 있으니, 조급해하지 말고 기다려 주세요.

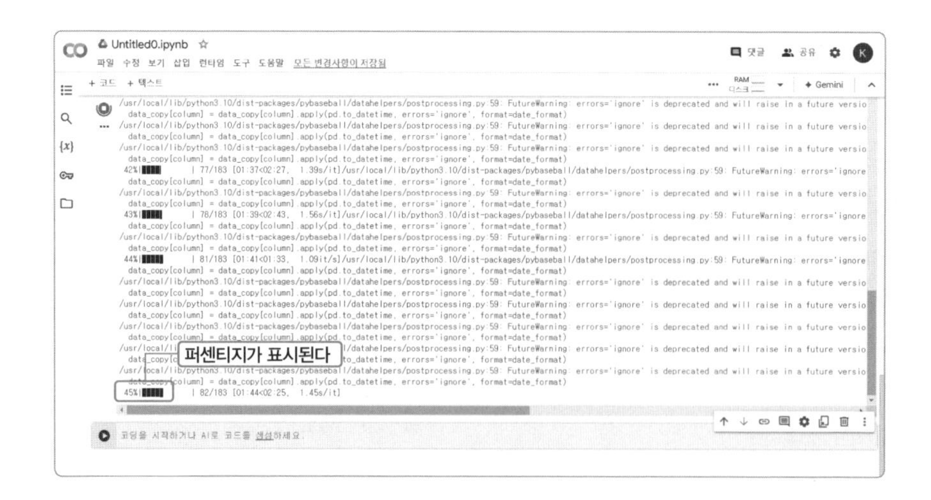

CHECK!

data = statcast

statcast(메이저리그의 데이터를 수집하는 시스템)의 데이터를 가져와서 data라고 이름을 붙입니다.

head()

데이터의 첫 번째 행을 표시하는 데 사용합니다.

데이터를 불러오기

다음으로 오타니 선수의 데이터만을 추출해 보겠습니다. 다음 코드를 실행해 보세요.

```
data_ohtani = data[data['player_name']=='Ohtani, Shohei']
data_ohtani.to_csv('2023_Ohtani.csv')
data_ohtani.head()
```

정상적으로 실행되면, 다음과 같이 데이터가 표시될 것입니다. 표시되지 않았다면 철자(스펠링) 실수 등이 없었는지 확인해 보세요.

특히 첫 번째 행의 "Shohei"와 "Ohtani"의 사이에 ","와 공백이 필요하므로 잊지 말고 입력해 주세요.

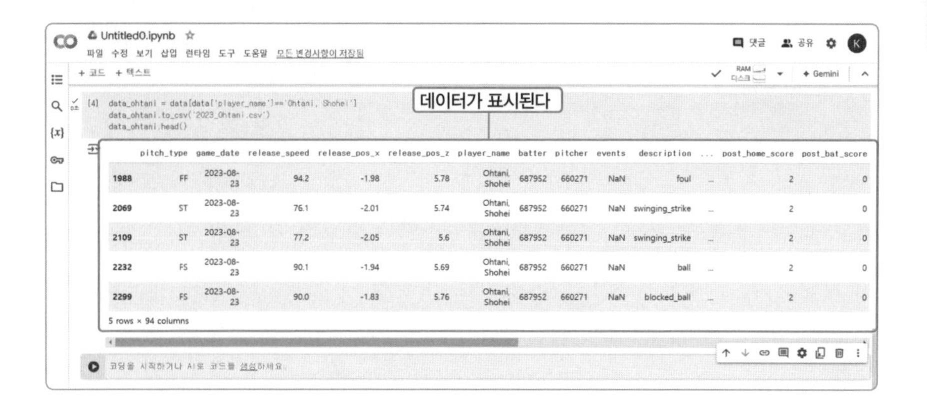

CHECK!

to_csv

데이터를 csv 파일로 출력합니다.

데이터를 다운로드하기

오타니 선수의 데이터를 가져오기까지 끝났다면, 이후 분석에 사용할 수 있도록 데이터를 다운로드합니다.

화면의 좌측에 있는 네모난 파일 버튼을 누르면, 파일 선택 화면을 열 수 있습니다.

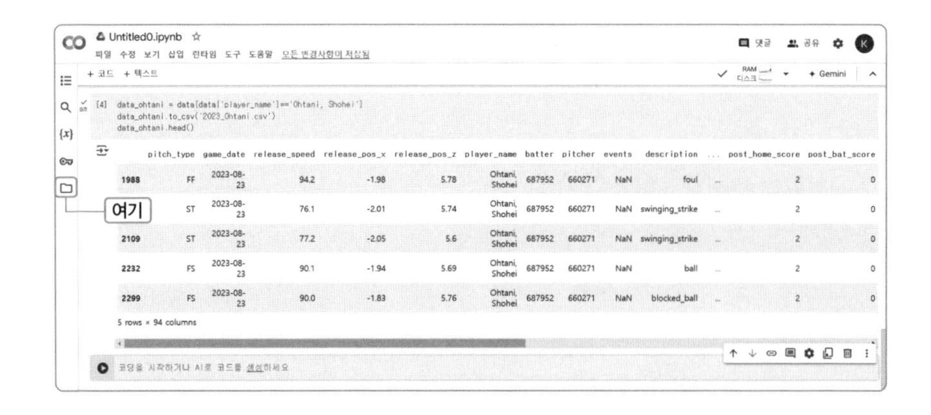

파일의 선택 화면을 열면 “2023_Ohtani.csv”라는 파일이 생성되어 있을 겁니다.

이 파일명 위에 마우스 포인터를 놓으면, 우측에 나타나는 세 개의 세로로 정렬된 점이 있는 버튼을 누르고, 메뉴에서 “다운로드”를 선택해 주세요.

이제 2023년 오타니 선수의 투구 데이터가 다운로드되었습니다.

이제 분석을 위한 준비가 완료되었습니다!
이제부터는 이번에 획득한 데이터를 활용하여
실제 분석을 진행해 봅시다!

2-2 투구의 구종 비율을 나타내는 원형 그래프

원형 그래프를 작성해 보자!

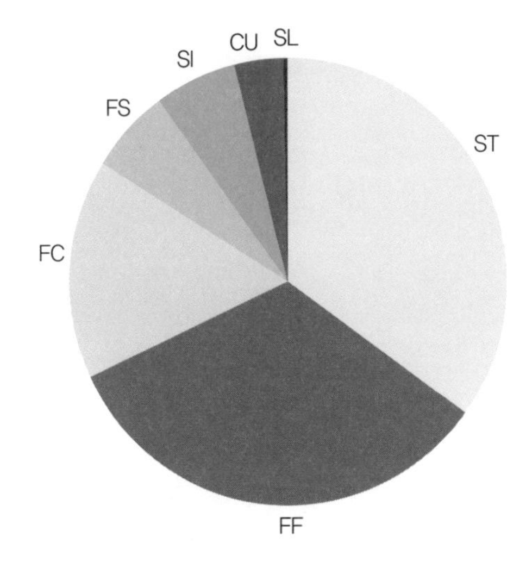

데이터를 업로드하기

처음에 새 노트북을 만듭니다. 우선은 왼쪽에 있는 파일 버튼을 눌러주세요.

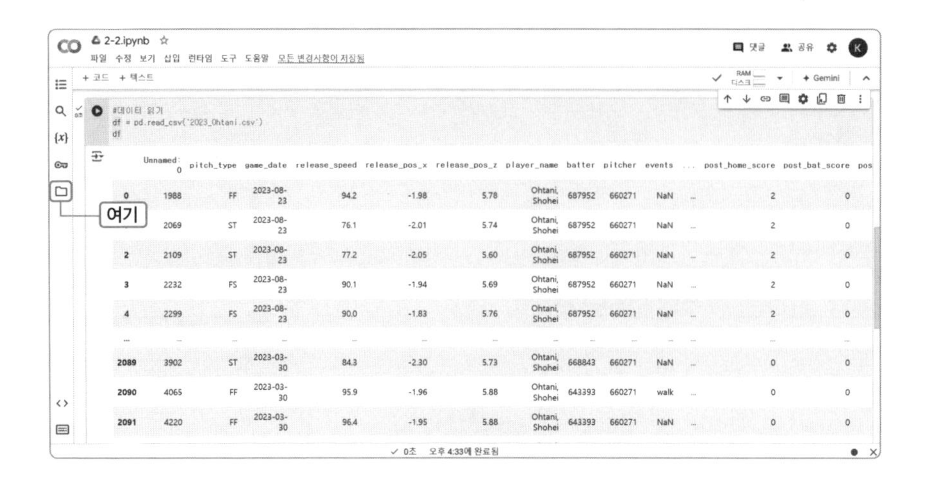

파일 버튼을 누르고 조금 기다리면 아래와 같은 화면이 되므로 다음으로 파일 업로드 버튼을 누릅니다.

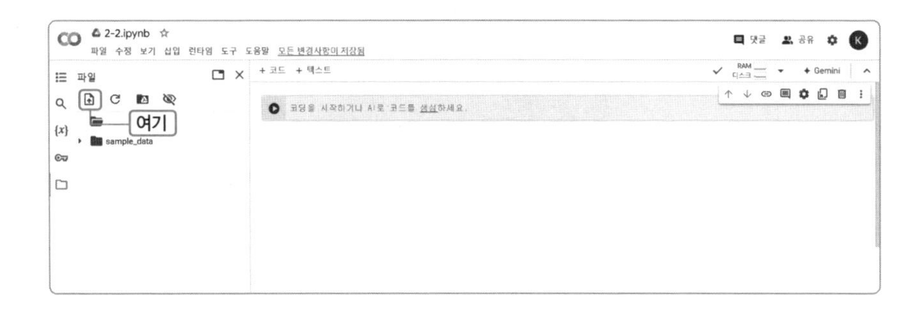

버튼을 누르면 파일 선택 화면이 되므로, 이전에 다운로드한 2023년 오타니 쇼헤이 선수의 투구 데이터를 선택합니다.

업로드 시에 "런타임이 종료되면 런타임의 파일이 삭제됩니다"와 같은 경고 표시 메시지가 나오는 경우가 있는데, 이는 특별히 문제가 없으니 확인(OK)을 선택해 주세요.

이것으로 데이터 업로드는 완료입니다!

이 조작은 향후 분석에서도 매번 필요하기 때문에, 하는 방법을 기억해 주세요!

모듈 임포트

자, 이제부터는 드디어 실제로 데이터에서 그래프를 작성하는 연습을 해보도록 하겠습니다. 여기에서는 각 구종을 어느 정도의 비율로 던지고 있는지를 분석하기 위해 원형 그래프를 작성합니다.

우선 제일 위의 셀에 다음 코드를 써 보세요.

이 코드로 이번 그래프 작성에 필요한「모듈(요소)」을 임포트(가져오기)합니다.

```
01  #모듈 임포트
02  ! pip install koreanize_matplotlib
03  import koreanize_matplotlib
04  import pandas as pd
05  import matplotlib.pyplot as plt
```

코드를 작성했으면 바로 실행해 봅시다. 코드의 실행은 Shift + Enter 키를 누르는 것이었습니다.

CHECK!

import
라이브러리나 모듈을 프로그램에 가져오는 명령입니다.

실행했을 때에 붉은 글씨로 ERROR 표시가 나왔을 경우에는, 어딘가에 잘못 작성된 부분이 있다는 의미입니다. 어디서 오류가 나는지 알려주는 경우가 많기 때문에, 그 부근을 중점적으로 체크해 봅시다.

코드의 설명

3행	koreanize_matplotlib → 도표 내에서 한글을 사용합니다.
4행	pandas → csv 파일을 처리합니다.
4행	import pandas as pd → "이 프로그램 내에서는 pandas라는 모듈을 pd라는 이름으로 사용합니다."라는 의미
5행	matplotlib → 도표를 작성합니다.

데이터 읽기

첫 번째 셀이 문제없이 실행이 되었다면 다음에는 업로드한 csv 파일을 불러옵니다. 두 번째 셀에 다음의 코드를 작성하고 실행해 주세요.

이때 "파일명"이라고 적혀 있는 것을 "2023_Ohtani.csv" 등 자신이 업로드한 csv 파일 이름으로 바꿔 쓰는 것이 중요합니다.

```
01    #데이터 읽기
02    df = pd.read_csv('파일명')
03    df
```

잘 실행된다면 다음과 같은 화면이 될 것입니다. 이것으로 업로드한 파일의 읽기는 완료했습니다.

만약 잘 되지 않는 경우는 ① 실수 없이 정확하게 작성했는지, ② csv 파일은 업로드 되었는지, ③ 파일명이 올바르게 쓰여 졌는지 이 세 가지를 체크해 보세요.

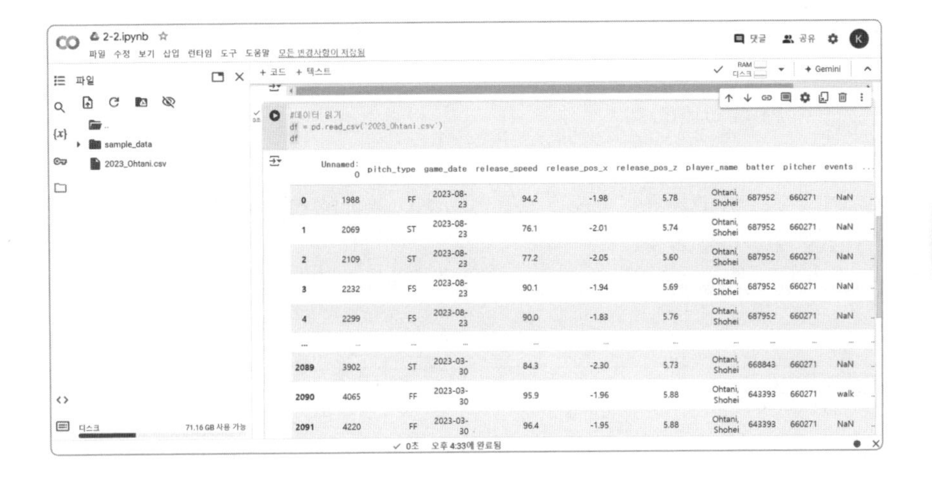

코드의 설명

2행	pd.read_csv()→ csv 파일을 읽습니다.
2행	df → 읽은 파일의 내용을 df라는 이름으로 붙입니다. ※ 이름은 df 뿐만 아니라 무엇이든 좋습니다만, 데이터 프레임의 앞글자를 딴 df가 자주 사용됩니다.

원형 그래프 작성하기

다음으로 읽은 데이터로부터 원형 그래프를 작성해 보겠습니다.

이때 주목할 것은 pitch_type이라고 하는 열입니다. 이 열은 던진 구종을 나타냅니다.

ST는 스위퍼(가로로 크게 휘는 슬라이더), FF는 패스트볼, FS는 스플리터, CU는 커브, FC는 커터, SI는 싱커, SL은 슬라이더입니다.

각 구종을 각각 어느 정도의 비율로 던지고 있는지 알아보기 위해 세 번째 셀에 다음 페이지의 코드를 작성하고 실행해 보세요.

```
01  #원형 그래프 작성
02  counts = df['pitch_type'].value_counts()
03  plt.pie(counts, labels=counts.index, counterclock=False,
    startangle=90)
04  plt.show()
```

코드의 설명

2행	df의「pitch_type」열에 포함된 값의 종류별로 개수를 집계하고 집계 결과를 counts라고 명명하고 있습니다. FF가 30개, SL이 10개, 이런 이미지입니다
3행	plt.pie() → 원형 그래프를 작성하기 위해 사용하는 글
3행	labels → 그래프 내의 라벨(FF, SL 등의 문자)
3행	counterclock → 시계 반대 방향으로 그립니다.
3행	startangle → 시계의 12시 지점부터 그래프를 쓰기 시작합니다.
4행	plt.show() → 작성한 그래프를 화면에 표시합니다.

그러면 신기하게도 다음 페이지와 같은 구종의 내역을 나타내는 원형 그래프를 작성할 수 있었을 겁니다. 작성할 수 없는 경우라면, 코드를 잘못 작성하지 않았는지 확인해 보세요.

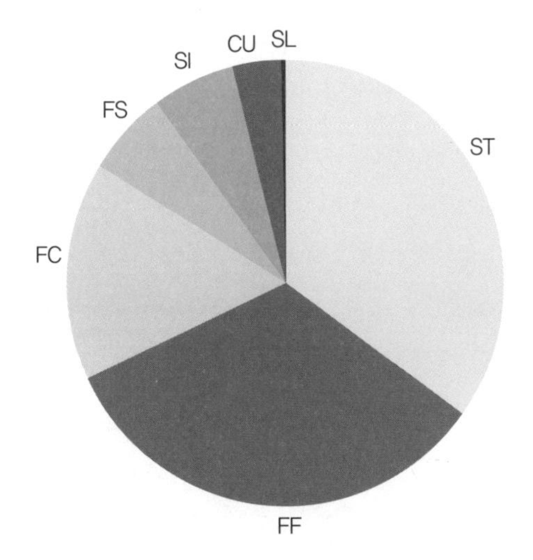

그래프의 제목 추가하기

작성한 원형 그래프가 무엇을 나타내고 있는지 알기 쉽게 하기 위해, 그래프의 상단에 제목을 설정해 봅시다.

제목을 설정할 때는 plt.title()을 사용합니다.

앞서 작성한 코드에 다음과 같이 2행을 추가해 보세요.

```
#원형 그래프 작성
counts = df['pitch_type'].value_counts()
plt.pie(counts, labels=counts.index, counterclock=False,
startangle=90)
#제목 추가
plt.title('오타니 투수의 구종 비율')
plt.show()
```

그러면 그래프 상단에 "오타니 투수의 구종 비율"이라는 제목이 설정되었습니다. 이것으로 원형 그래프는 완성입니다!

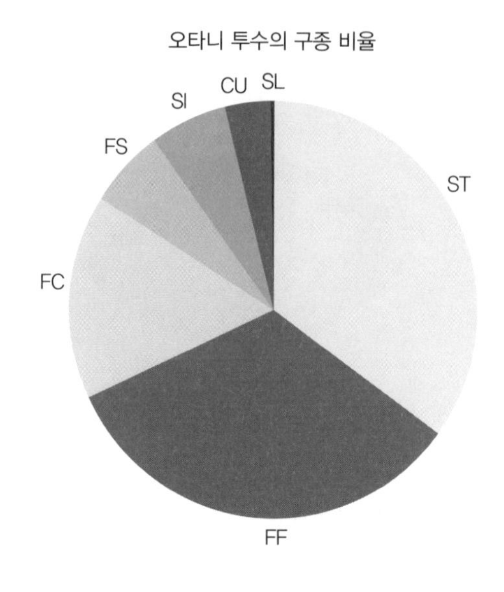

"프로그래밍"이라고 하면 어려울 것 같은 선입견이 있을지도 모릅니다만, 의외로 간단하다고 생각되지 않습니까?

PYTHON DATA ANALYSIS STADIUM

2-3 구종별 평균 구속을 나타내는 막대 그래프

막대 그래프를 작성해보자!

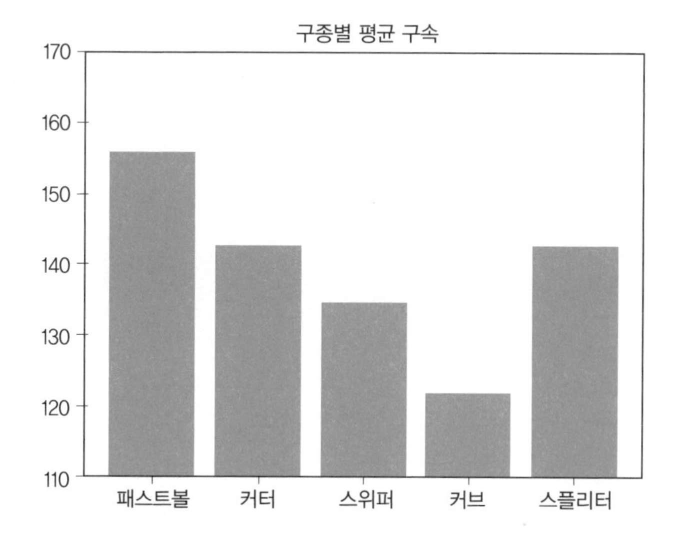

데이터 읽기와 단위 변환

다음은 구종별 평균 속도를 나타내는 막대 그래프를 작성해 봅시다. 먼저 이전과 동일하게 데이터를 업로드하고, 모듈 임포트와 데이터 읽기를 수행합니다.

```
#모듈 임포트
! pip install koreanize_matplotlib
import koreanize_matplotlib
import pandas as pd
import matplotlib.pyplot as plt
```

```
#데이터 읽기
df = pd.read_csv('2023_Ohtani.csv')
df
```

다음으로, 가져온 데이터의 단위를 바꿉니다.

투구의 속도가 적힌 release_speed의 열은 단위가 마일로 되어 있지만, 알기 쉽게 하기 위해 킬로미터로 변환합니다.

세 번째 셀에 다음의 코드를 써서 실행합시다.

```
#단위의 변환
df['speed_km'] = df['release_speed'] * 1.61
df
```

표시된 데이터의 우측 끝을 보면, speed_km의 열이 추가된 것을 알 수 있습니다.

코드의 설명

시속 1마일을 킬로미터로 환산하면, 대략 시속 1.61Km가 되기 때문에, 마일 단위를 킬로미터로 변환하는 코드에서는 데이터에 speed_km 열을 새롭게 추가하고, release_speed 열의 값에 1.61을 곱한 숫자를 넣습니다.

구종별로 데이터 나누기

데이터를 읽으면 다음으로 구종별로 나눈 데이터를 작성합니다.

방금 전의 원형 그래프에서 오타니 선수의 주요 구종은 패스트볼 · 커터 · 스위퍼 · 커브 · 스플리터의 5종류라고 알았기 때문에 이 5종류의 데이터를 추출합니다.

```
#구종별로 분류
Fastball = df[df['pitch_type']=='FF'] #패스트볼
Cutter = df[df['pitch_type']=='FC'] #커터
Sweeper = df[df['pitch_type']=='ST'] #스위퍼
Curve = df[df['pitch_type']=='CU'] #커브
Splitter = df[df['pitch_type']=='FS'] #스플리터
```

코드의 설명

데이터 중 조건에 맞는 행만을 선택할 때는 df[df['pitch_type']=='FF']와 같이 df[ ]의 괄호 안에 조건을 지정합니다. FF는 패스트볼을 나타내므로, 2행의 코드에서는 패스트볼 데이터만을 선택하여 Fastball이라고 이름을 붙입니다.

막대 그래프 작성하기

데이터를 구종별로 나누었다면 실제로 막대 그래프를 그려 나갑니다.

먼저 구종명과 각각의 평균 구속을 리스트에 저장한 후, 그 리스트로부터 막대 그래프를 작성합니다.

```
01    #구종명과 각 평균 구속을 리스트에 저장
02    x = ['패스트볼', '커터', '스위퍼', '커브', '스플리터']
```

```
    y = [Fastball['speed_km'].mean(), Cutter['speed_km'].
03  mean(),Sweeper['speed_km'].mean(), Curve['speed_km'].mean(),
    Splitter['speed_km'].mean()]
04
05  #막대 그래프 작성
06  plt.bar(x, y)
07  plt.title('구종별 평균 구속')
08  plt.show()
```

다음 페이지와 같은 막대 그래프가 작성된다면 OK입니다.

패스트볼이 가장 빠르고, 커브가 가장 느리다는 것을 알 수 있습니다.

코드의 설명

3행	방금 전에 작성한 구종별 데이터에서 평균값를 계산하는 코드인 mean()을 이용하여 각각의 평균 구속을 계산합니다. 예를 들어 Fastball['speed_km'].mean()는 Fastball의 speed_km 열의 평균이 됩니다.
6행	plt.bar() → 2-4행에서 작성한 x와 y를 막대 그래프로 만듭니다. ※원형 그래프를 작성할 때에는 plt.pie(), 막대 그래프에서는 plt.bar()를 이용합니다.

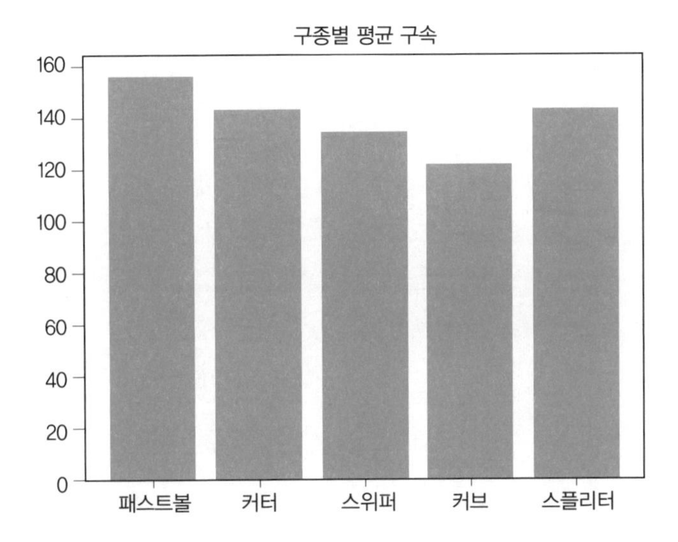

y축의 범위 지정하기

구종별 차이를 보다 두드러지게 하고 싶을 때는 y축의 범위를 지정해 봅시다. 이번에는 최솟값을 110, 최댓값을 170으로 설정해 봅니다.

```
#구종명과 각 평균 구속을 리스트에 저장
x = ['패스트볼', '커터', '스위퍼', '커브', '스플리터']
y = [Fastball['speed_km'].mean(), Cutter['speed_km'].
mean(),Sweeper['speed_km'].mean(), Curve['speed_km'].mean(),
Splitter['speed_km'].mean()]

#막대 그래프 작성
plt.bar(x, y)
plt.title('구종별 평균 구속')
#y축 범위 설정
plt.ylim(110, 170)
plt.show()
```

y축의 범위를 설정할 때는 plt.ylim()을 이용하여, 괄호 안에 지정하는 범위의 최솟값과 최댓값을 작성합니다. 코드를 실행해 보면 y축의 범위가 좁아져 구종별 구속의 차이를 알기 쉬워졌다고 생각합니다.

참고로, x축의 범위를 지정할 때에는 plt.ylim() 대신에 plt.xlim()을 이용합니다.

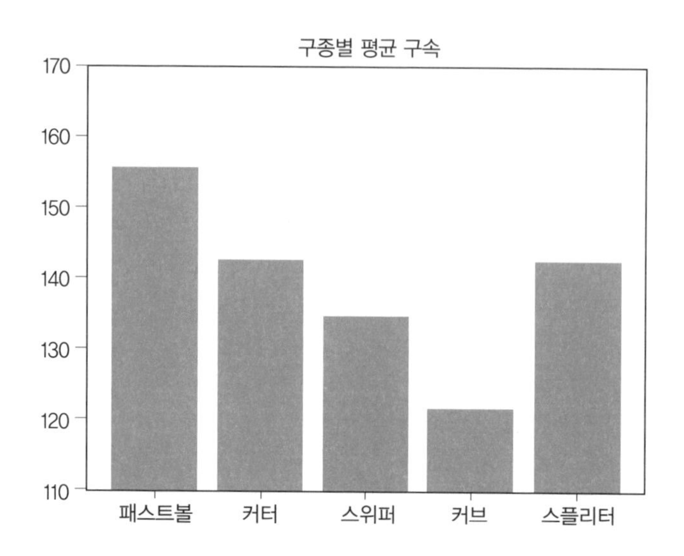

구종별 속도를 그래프로 시각화하면
상대 선수의 특징을 파악하기 쉬워집니다.

2-4 이닝별 평균 구속을 나타내는 꺾은선 그래프

꺾은선 그래프를 작성해 보자!

여기서는 다음과 같은 꺾은선 그래프를 작성합니다.

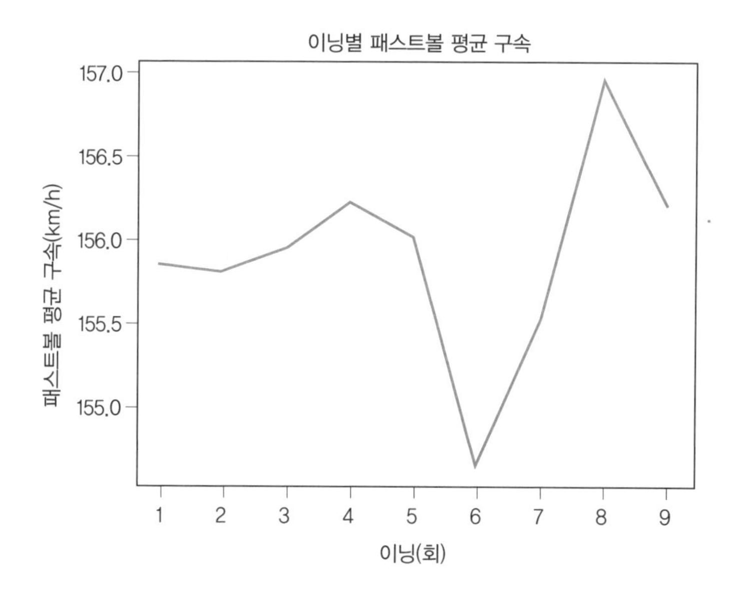

데이터 읽기와 단위 변환

다음은 이닝별 평균 구속을 나타내는 꺽은선 그래프를 작성해 봅시다.

먼저 이전과 마찬가지로 데이터를 업로드하고, 모듈을 임포트한 후 데이터를 읽어옵니다.

```
#모듈의 임포트
! pip install koreanize_matplotlib
import koreanize_matplotlib
import pandas as pd
import matplotlib.pyplot as plt
```

```
#데이터 읽기
df = pd.read_csv('2023_Ohtani.csv')
df
```

다음으로 구속의 단위를 마일에서 킬로미터로 변환합니다.

이전과 같은 방법으로 speed_km 열을 작성하고, release_speed 열에 1.61을 곱한 값을 저장합시다.

```
#단위의 변환
df['speed_km'] = df['release_speed'] * 1.61
df
```

패스트볼의 데이터를 이닝별로 나누기

데이터를 불러 읽었다면, 다음은 패스트볼의 데이터만을 추출합니다.

이전과 같은 방법으로 pitch_type 열이 FF으로 되어 있는 데이터만을 추출합시다.

```
#패스트볼 만을 추출
Fastball = df[df['pitch_type']=='FF']
Fastball
```

패스트볼만이 추출되었다면, 이번에는 이닝별 평균 구속을 구합니다. 다음의 코드로 이닝별 평균 구속을 산출합니다.

이닝 정보는 inning 열에 들어 있습니다. 이전 구종 별로 나눈 것처럼 하나씩 좁혀 나가도 좋지만, 이번에는 for문을 사용해서 효율적인 코드를 작성해 보겠습니다!

for문은 반복적으로 같은 처리를 할 때 사용하는 코드입니다.

for문에 대해서는 나중에 자세히 설명하겠습니다. 내용을 이해하고 나서 실행에 옮기고 싶은 사람은 먼저 CHAPTER 3을 읽어 주세요.

```
01    #이닝별 평균 구속을 리스트에 저장
02    x, y = [], []
03
04    for i in range(1, 10):
05      inning = Fastball[Fastball['inning']==i]
06      x.append(i)
07      y.append(inning['speed_km'].mean())
08
09    y
```

이로 인해 x에는 각 이닝을, y에는 각 이닝의 평균 구속을 저장할 수 있게 되었습니다.

코드를 실행하면, y에 이닝별 평균 구속이 들어가 있는 것을 확인할 수 있겠네요!

CHECK!

mean 함수

데이터 프레임의 평균값을 구한다.

코드의 설명

2행	x, y = [], [] → 빈 리스트를 생성하고 각각 x,y라고 이름을 붙입니다.
4행~7행	for문 중에서는 i에 1부터 9까지의 숫자를 순서대로 대입하고, 5행에서 inning 열이 i에 일치하는 데이터만을 추출한 후, inning이라고 이름을 붙입니다.
6행~7행	i의 값을 x에, 작성한 이닝별 추출 데이터의 평균 구속을 y에 각각 추가합니다.
7행	inning['speed_km'].mean()와 같이 작성하면, inning이라는 데이터프레임에 포함된 speed_km 열의 평균값을 반환해 줍니다.

꺾은선 그래프의 작성

이닝별 평균 구속이 산출되었다면, 실제로 꺾은선 그래프를 그려나갑니다.

실행할 코드는 다음과 같습니다.

```
#꺾은선 그래프 작성
plt.plot(x, y)
plt.title('이닝별 패스트볼 평균 구속')
plt.show()
```

코드의 설명

- 꺾은선 그래프에서는 plt.plot()을 사용합니다.
- 괄호 안에 x와 y를 지정하고, 조금 전에 작성한 x와 y에 저장되어 있는 숫자를 그리도록 명령하고 있습니다.

이닝을 거듭할수록 우측 어깨가 아래로 내려가는 것이 아니라, 중반 이닝에서의 평균 구속이 첫 이닝의 평균 구속보다 조금씩 느려졌다가 다시 상승하는 것을 알 수 있습니다.

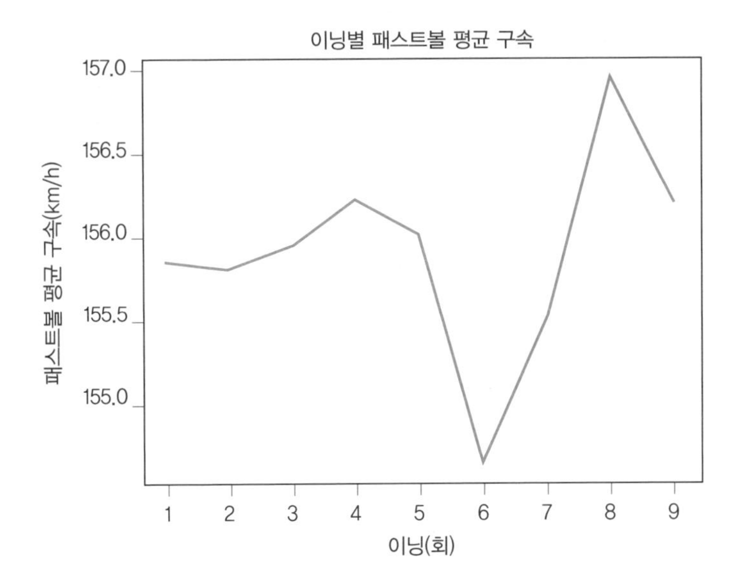

축 라벨 추가하기

조금 전의 그래프에서는 x축과 y축이 각각 무엇을 나타내고 있는지를 한눈에 알 수 없습니다. 그래서, 축 라벨을 추가해서 각각의 축의 의미를 설명해 봅시다.

```
#꺾은선 그래프 작성
plt.plot(x, y)
plt.title('이닝별 패스트볼 평균 구속')
#x축과 y축에 라벨을 추가
plt.xlabel('이닝(회)')
plt.ylabel('패스트볼 평균 구속(km/h)')
plt.show()
```

코드를 실행해 보세요. 다음과 같이, x축에는 「이닝(회)」, y축에는 「패스트볼 평균 구속(km/h)」이라는 라벨을 추가할 수 있을 것입니다.

이처럼, x축과 y축의 라벨은 각각 plt.xlabel()이나 plt.ylabel()으로 지정할 수 있습니다. 익숙해지면 자주 사용하는 편리한 테크닉입니다.

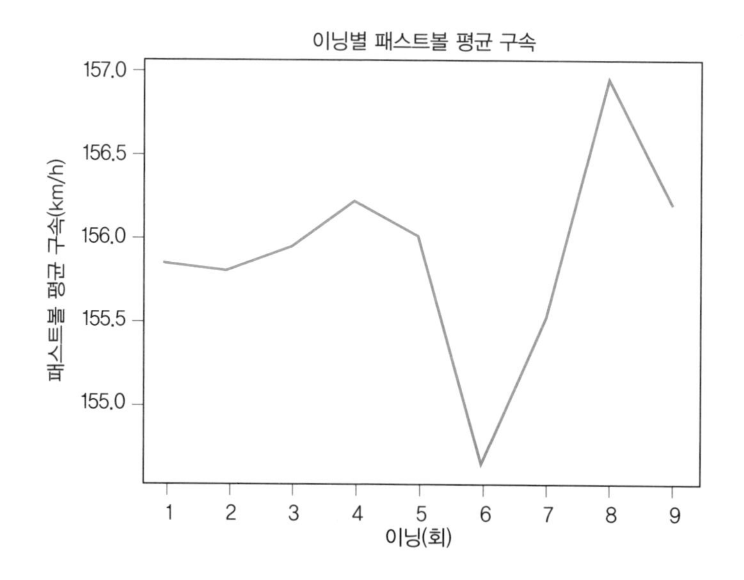

꺾은선 그래프는 연속적인 변화를 포착할 때 도움이 됩니다. x축과 y축도 추가하여 작성해 봅시다!

2-5 구종별 구속 분포를 나타내는 히스토그램

히스토그램를 작성해보자!

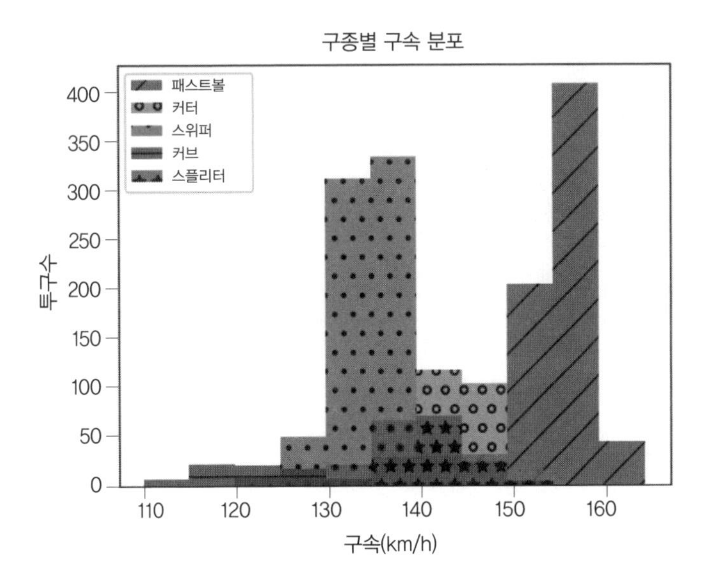

데이터 읽기와 단위 변환

2-3에서는 구종별 평균 구속을 막대 그래프로 표현했지만, 평균만으로는 구속대의 범위가 얼마나 되는지 알 수 없습니다.

투수에 의해 구속의 최대치와 최소치의 차이가 큰 타입도 있고, 안정적으로 같은 정도의 구속을 내는 타입도 있어. 이러한 값의 편차 정도가 중요한 정보가 되는 경우도 있습니다.

이번에는 구종별 구속 분포를 나타내는 히스토그램을 작성해 보겠습니다.

먼저 이전과 마찬가지로 데이터 업로드 · 모듈 임포트 · 데이터 읽기 · 단위 변환을 실시해 갈 것입니다.

```
#모듈의 임포트
! pip install koreanize_matplotlib
import koreanize_matplotlib
import pandas as pd
import matplotlib.pyplot as plt
```

```
#데이터 읽기와 단위 변환
df = pd.read_csv('2023_Ohtani.csv')
df['speed_km'] = df['release_speed'] * 1.61
df
```

데이터를 구종별로 나누기

데이터를 읽었으면, 다음은 구종별로 나눈 데이터를 작성합니다.

오타니 선수의 주요 구종은 2-1에서 작성한 원형 그래프에서 패스트볼 · 커터 ·

스위퍼 · 커브 · 스플리터의 5종류라고 알았기 때문에, 데이터를 5종류로 분류해 봅시다. 여기까지는 2-2와 똑같네요.

```
#구종별로 분류
Fastball = df[df['pitch_type']=='FF'] #패스트볼
Cutter = df[df['pitch_type']=='FC'] #커터
Sweeper = df[df['pitch_type']=='ST'] #스위퍼
Curve = df[df['pitch_type']=='CU'] #커브
Splitter = df[df['pitch_type']=='FS'] #스플리터
```

히스토그램 작성

데이터를 구종별로 나눴다면, 히스토그램을 그려 나갑니다.

```
01  #히스토그램 작성
02  plt.hist(Fastball['speed_km'], alpha=0.7, hatch='/',
    label='패스트볼')
03  plt.hist(Cutter['speed_km'], alpha=0.7, hatch='o', label='커터')
04  plt.hist(Sweeper['speed_km'], alpha=0.7, hatch='.', label='스위퍼')
05  plt.hist(Curve['speed_km'], alpha=0.7, hatch='-', label='커브')
06  plt.hist(Splitter['speed_km'], alpha=0.7, hatch='*',
    label='스플리터')
07
08  #보기 조정
09  plt.title('구종별 구속분포')
10  plt.xlabel('구속(km/h)')
11  plt.ylabel('투구수')
12  plt.legend(loc='upper left')
13  plt.show()
```

CHECK!

alpha

0부터 1까지의 범위에서 히스토그램의 색상 투명도를 지정합니다.
기본값은 alpha가 1(투명하지 않음)이므로, 그래프가 겹치는 경우에는 조금 보기 어려울 수 있습니다. 따라서 이번처럼 여러 개의 히스토그램을 겹쳐서 그릴 경우, 겹침을 알 수 있도록 투명도를 설정하는 것이 좋겠지요.

hatch

사선, 검은 점, 별 등 그래프에 모양을 추가합니다.
alpha와 마찬가지로 여러 그래프를 겹쳐서 그릴 때, 겹침을 보기 쉽게 해줍니다.

label

왼쪽 위에 범례를 표시할 때의 이름을 각각 지정합니다(범례는 어떤 색이 어떤 요소를 나타내는지를 보여주는 것입니다).

코드의 설명

2행 ~ 6행	plt.hist() → 히스토그램을 작성하기 위해 사용합니다. 여기서는 각 구종의 구속 히스토그램을 그리고 있습니다. 괄호안에 구성할 각 구종의 **speed_km** 열의 데이터를 지정한 후, **alpha** 와 **label** 항목도 지정하고 있습니다.
12행	plt.legend() → 범례를 표시하기 위한 코드 여러 개의 히스토그램을 겹칠 경우, 어떤 색이 무엇을 나타내는지 알 수 있도록 범례를 추가하는 것이 좋겠지요.
12행	loc='upper left' → 범례의 표시 위치를 지정하는 코드 이번에는 그래프의 왼쪽 위가 비어 있어서 **loc**를 **upper left**로 했습니다. 오른쪽 위는 **upper right**, 왼쪽 아래는 **lower left**로 지정합니다.

코드를 실행하면 구종별 구속 분포를 작성할 수 있습니다.

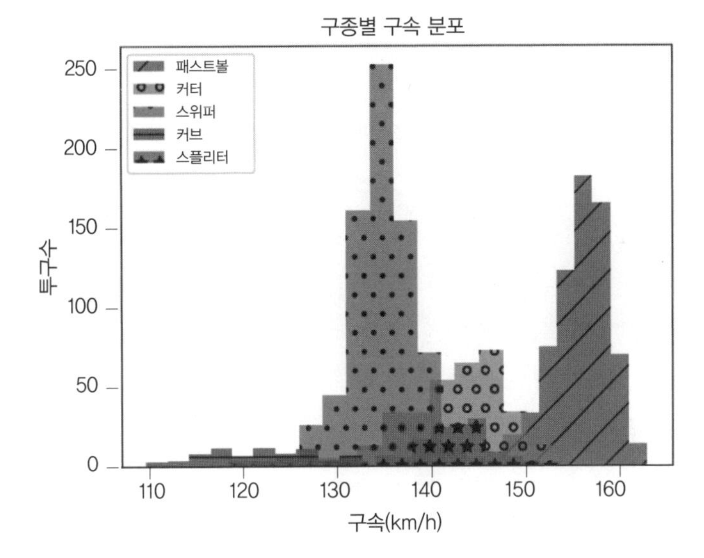

예를 들어, 커브의 구속대는 다른 구종에 비해 상당히 폭이 넓습니다. 히스토그램을 작성함으로써 이러한 평균값만으로는 알 수 없는 정보를 시각화할 수 있는 것입니다.

막대의 가로 폭 지정하기

조금 전의 그래프에서는 구종마다 히스토그램 막대의 경계선이 달라서 다소 보기가 어렵네요. 여기서는 막대의 가로 폭을 어떻게 설정하는지 설명합니다. 실행할 코드는 다음과 같습니다.

```
01  #막대의 경계가 되는 값을 리스트에 저장
02  border = [110, 115, 120, 125, 130, 135, 140, 145, 150, 155, 160,
    165]
03
04  #히스토그램 작성
```

```
05  plt.hist(Fastball['speed_km'], alpha=0.7, hatch='/',
    label='패스트볼', bins=border)
06  plt.hist(Cutter['speed_km'], alpha=0.7, hatch='o', label='커트',
    bins=border)
07  plt.hist(Sweeper['speed_km'], alpha=0.7, hatch='.', label='스위퍼',
    bins=border)
08  plt.hist(Curve['speed_km'], alpha=0.7, hatch='-', label='커브',
    bins=border)
09  plt.hist(Splitter['speed_km'], alpha=0.7, hatch='*',
    label='스플리터', bins=border)
10
11  #보기 조정
12  plt.title('구종별 구속 분포')
13  plt.xlabel('구속(km/h)')
14  plt.ylabel('투구수')
15  plt.legend(loc='upper left')
16  plt.show()
```

코드의 설명

2행	막대의 경계가 되는 x축의 값을 리스트에 저장하고 있습니다. 이번에는 110km/h부터 165km/h까지 5km/h 씩 지정해 보았습니다.
5행~9행	plt.hist() 안의 bins에 조금 전에 만든 리스트를 지정함으로써 막대의 가로폭을 커스터마이즈할 수 있습니다.

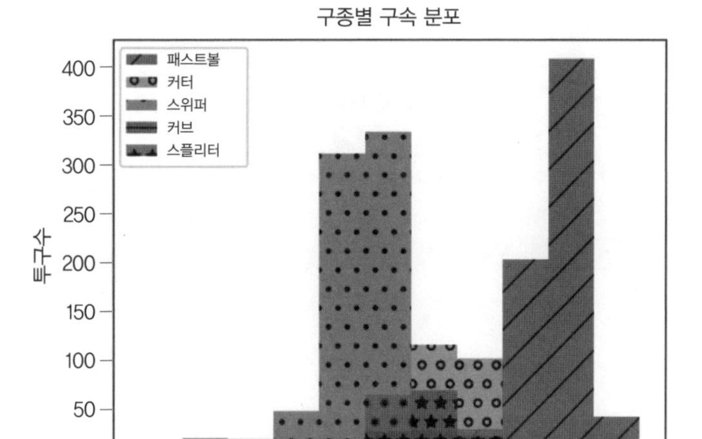
구종별 구속 분포
패스트볼
커터
스위퍼
커브
스플리터
400
350
300
250
200
150
100
50
0
투구수
110
120
130
140
150
160
구속(km/h)

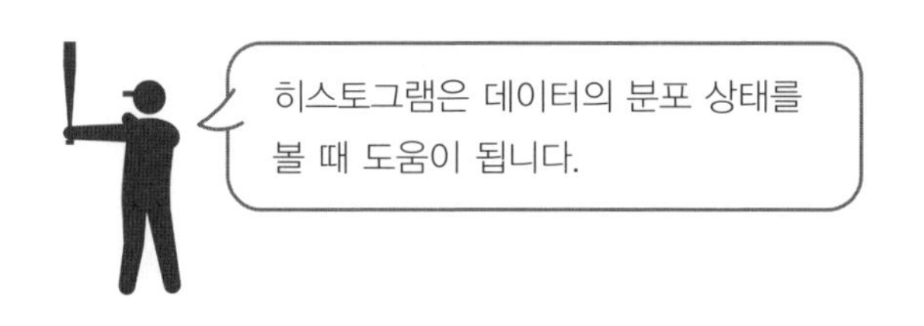
히스토그램은 데이터의 분포 상태를 볼 때 도움이 됩니다.

PYTHON DATA ANALYSIS STADIUM

2-6 투구의 도달 위치를 나타내는 산포도

산포도를 작성해보자!

점점 코드가 길어지고 있습니다만, 우선은 직접 해보면서 실습해 보세요.

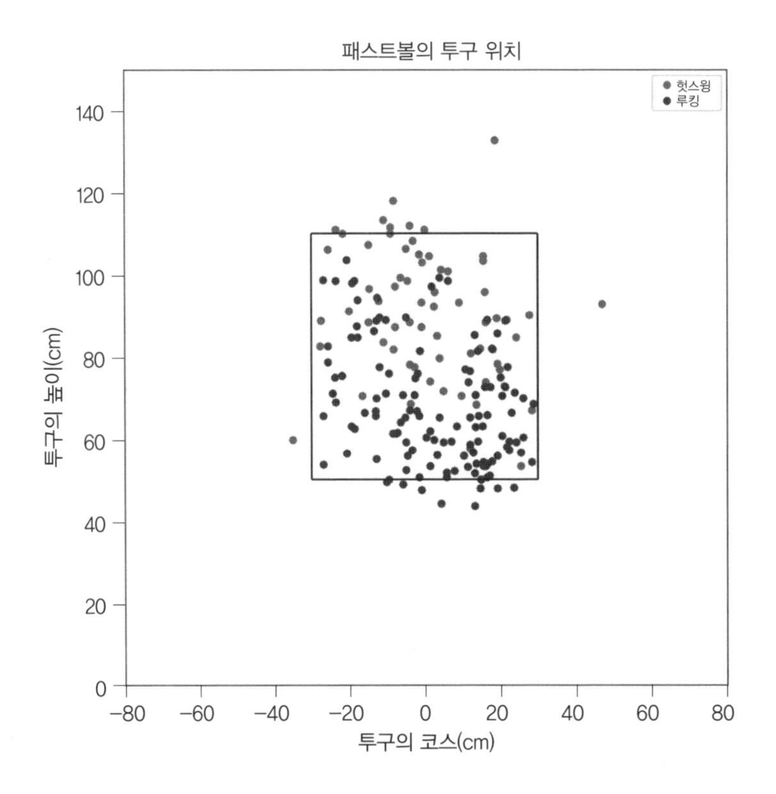

데이터 준비하기

지금까지는 주로 구속에 초점을 맞춰 분석해 왔습니다. 이번에는 "투구가 어디에 던져졌는지"에 주목해 보겠습니다.

먼저, 지금까지 했던 것처럼 데이터를 업로드하고, 모듈을 임포트해봅시다.

```
#모듈의 임포트
! pip install koreanize_matplotlib
import koreanize_matplotlib
import pandas as pd
import matplotlib.pyplot as plt
```

다음은 데이터 읽기와 단위의 변환입니다.

이번에는 구속이 아니라 투구의 도달 위치에 주목하므로 투구의 코스를 나타내는 plate_x 열과 투구의 높이를 나타내는 plate_z 열을 사용합니다. 원래 데이터의 단위가 피트로 되어 있으므로, 30.48을 곱하여 센티미터 단위로 변환한 plate_x_cm 열과 plate_z_cm 열을 작성해 봅시다.

```
#데이터 읽기와 단위 변환
df = pd.read_csv('2023_Ohtani.csv')
df['plate_x_cm'] = df['plate_x'] * 30.48
df['plate_z_cm'] = df['plate_z'] * 30.48
df
```

단위 변환이 완료되면, 다음은 패스트볼의 데이터만을 추출합니다. 구종별로 데이터를 나눌 때와 동일한 방법을 사용합니다.

```
#패스트볼만을 추출
Fastball = df[df['pitch_type']=='FF']
Fastball
```

산포도 작성하기

데이터 준비가 되었다면, 실제로 산포도를 그려 나갑니다. 실행하는 것은 다음의 코드입니다.

```
01  #산포도 작성
02  plt.figure(figsize=(10,10))
03  plt.scatter(Fastball['plate_x_cm'], Fastball['plate_z_cm'])
04
05  #보기 조정
06  plt.title('패스트볼의 투구위치(포수 시선)')
07  plt.xlabel('투구의 코스(cm)')
08  plt.ylabel('투구의 높이(cm)')
09  plt.xlim(-80, 80)
10  plt.ylim(0, 150)
11  plt.hlines(y=[50, 110], xmin=-30, xmax=30, color='black')
12  plt.vlines(x=[-30, 30], ymin=50, ymax=110, color='black')
13  plt.show()
```

CHECK!

plt.figure(figsize=(가로폭, 높이))
산포도의 사이즈를 지정하는 코드

plt.scatter()
산포도를 작성하는 코드

plt.hlines()
가로 선을 긋기 위한 코드

plt.vlines()
세로 선을 긋기 위한 코드

코드를 실행하면 다음과 같이 패스트볼의 도달위치를 구성한 산포도가 그려질 것입니다.

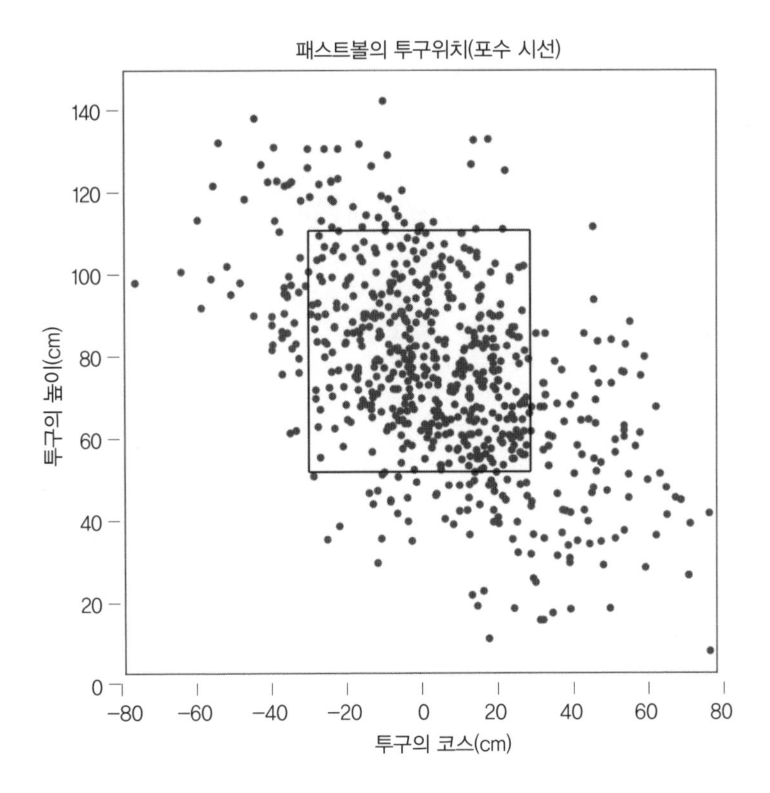

좌우는 포수 시선으로 되어 있어서, 오른쪽이 우타자에게 아웃코스, 왼쪽이 우타자에게 인코스입니다.

또한, 중심의 사각형으로 둘러싸인 부분은 대략적인 스트라이크 존을 나타냅니다.

오른쪽 위나 왼쪽 아래에는 내용이 적고, 왼쪽 위에서 오른쪽 아래로 띠 모양으로 이어져 분포하고 있는 것을 알 수 있습니다.

코드의 설명

2행~3행	패스트볼의 도달위치를 나타내는 산포도를 작성하고 있습니다. 2행에서 사이즈를 지정하고 있으며, 이번에는 가로 폭과 높이를 모두 10으로 설정하고 있습니다. 3행의 괄호 안에서는 그래프를 그릴 때의 x좌표에 해당하는 plate_x_cm 열과 y좌표에 해당하는 plate_z_cm 열을 지정하고 있습니다.
6행~10행	보기 조정을 하고 있습니다. plt.title()은 타이틀, plt.xlabel()과 plt.ylabel()은 축 라벨, plt.xlim()과 plt.ylim()은 축의 범위를 각각 설정하는 것이었죠.
11행~12행	이번에는 그래프 내에 스트라이크 존을 그리기 위해 가로선과 세로선을 그리고 있습니다. 11행의 코드는 y좌표가 50의 위치와 110의 위치에, x좌표가 −30에서 30까지 범위에 가로선을 그리라는 의미입니다. 반대로 12행에는 x좌표가 −30의 위치와 30의 위치에, y좌표가 50에서 110까지의 범위에 세로선을 그리도록 지시하고 있습니다. 실제 스트라이크 존은 센티미터 단위로 정의되어 있는 것은 아니지만, 이번에는 대략적으로 표현하기 위해 위의 범위로 지정했습니다.

플롯을 색상으로 구분하기

조금 전의 그래프에서는 전체적인 투구 위치의 분포를 확인했지만, 여기서는 더 깊이 분석하기 위해 헛스윙 스트라이크와 루킹 스트라이크에 주목하여 내용을 색상으로 구분해 보겠습니다.

우선 조금 전에 만든 패스트볼만의 데이터에서 헛스윙 스트라이크와 루킹 스트라이크 데이터를 추출해 봅시다.

description 열에 swinging_strike라고 쓰여 있는 것이 헛스윙 스트라이크, called_strike라고 쓰여 있는 것이 루킹 스트라이크를 나타내고 있습니다.

```
#헛스윙 스트라이크와 루킹 스트라이크를 추출
Swinging = Fastball[Fastball['description'].isin(['swinging_strike',
'swinging_strike_blocked'])]
Called = Fastball[Fastball['description'] == 'called_strike']
```

다음으로 작성한 헛스윙 스트라이크의 데이터와 루킹 스트라이크의 데이터를 각각 그려 나갑니다.

```
#색으로 구분한 산포도 작성
plt.figure(figsize=(10,10))
plt.scatter(Swinging['plate_x_cm'], Swinging['plate_z_cm'],
color='red', label='헛스윙')
plt.scatter(Called['plate_x_cm'], Called['plate_z_cm'],
color='blue', label='루킹')

#보기 조정
plt.title('패스트볼의 투구 위치')
plt.xlabel('투구의 코스(cm)')
plt.ylabel('투구의 높이(cm)')
plt.legend(loc='upper right')
plt.hlines(y=[50, 110], xmin=-30, xmax=30, color='black')
plt.vlines(x=[-30, 30], ymin=50, ymax=110, color='black')
plt.xlim(-80, 80)
plt.ylim(0, 150)
plt.show()
```

플롯의 색상을 지정할 때는, 괄호 안에 color='red' 등으로 작성합니다. 또한, 색상별 의미를 알 수 있도록 2-4에서도 나왔듯이 label='헛스윙'과 같이 하여 범례도 설정해 둡시다. 범례를 그래프 내에서 표시하려면 plt.legend()가 필요하므로 이것도 잊지 마세요!

다음과 같은 그래프가 그려지면 완성입니다.

색상별 분포를 보면, 헛스윙은 높은 위치에 많고, 루킹은 낮은 위치에 많은 것을 알 수 있습니다.

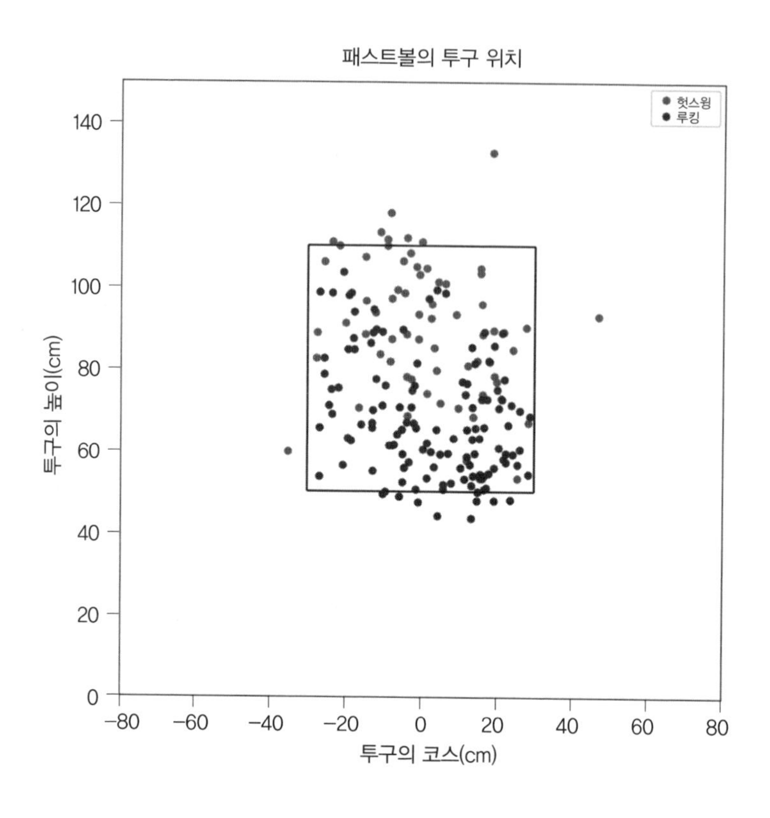

처음 등장하는 코드도 많고, 전체적으로 길어서 다소 복잡하고 혼란스러울 수 있지만, 사용하면서 익숙해지면 괜찮습니다!

PYTHON DATA ANALYSIS STADIUM

2-7 투구의 도달 위치를 나타내는 히트맵

히트맵을 작성해보자!

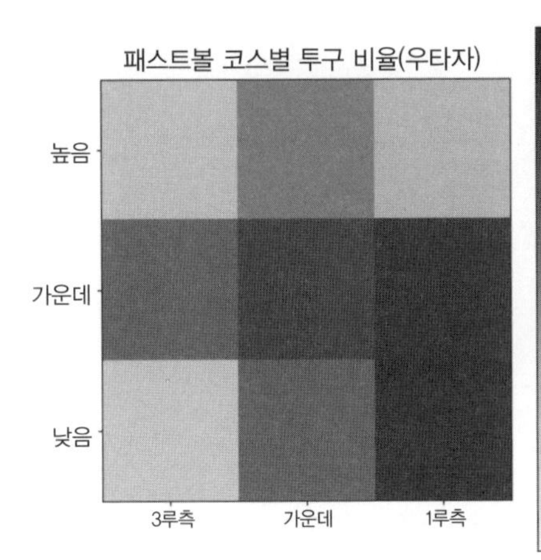

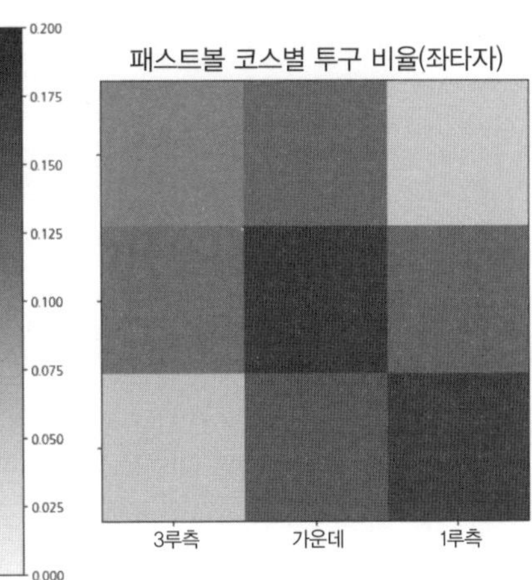

데이터 준비하기

여기서는 상태 타자가 우타자일 때와 좌타자일 때, 투구의 코스에 어떤 변화가 있는지 분석하기 위해 히트맵을 작성해 보겠습니다.

우선, 이전과 동일하게 데이터를 업로드하고, 모듈을 임포트합니다.

```
#모듈의 임포트
! pip install koreanize_matplotlib
import koreanize_matplotlib
import pandas as pd
import matplotlib.pyplot as plt
```

다음으로 데이터 읽기와 단위 변환입니다.

투구의 코스를 나타내는 plate_x열과 투구의 높이를 나타내는 plate_z열은 단위가 피트로 되어 있으므로, 각각 30.48을 곱하여 센티미터 단위로 변환한 plate_x_cm열과 plate_z_cm열을 작성합니다.

```
#데이터 읽기와 단위 변환
df = pd.read_csv('2023_Ohtani.csv')
df['plate_x_cm'] = df['plate_x'] * 30.48
df['plate_z_cm'] = df['plate_z'] * 30.48
df
```

단위 변환이 되었다면, 다음은 패스트볼 데이터만을 추출합니다. 여기까지 되었다면 데이터 준비는 완료입니다.

```
#패스트볼만을 추출
Fastball = df[df['pitch_type']=='FF']
Fastball
```

코스별 패스트볼 투구 비율을 산출

데이터 준비가 되었다면, 실제로 히트맵을 그려 나갑니다.

히트맵을 작성하기에 앞서, 우선 코스별 패스트볼 투구 비율을 산출해 봅시다.

이전과 마찬가지로 상하 위치가 50cm 이상 110cm 이내, 좌우 위치가 −30cm 이상 30cm 이내인 부분을 스트라이크 존으로 설정합니다.

게다가 이번에는 그 스트라이크 존을 3×3의 9칸으로 분할하여 코스를 표현합니다.

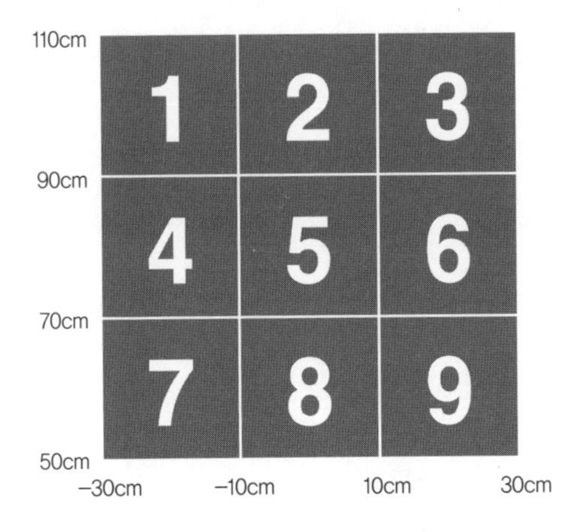

다음으로, 투구 비율을 계산하기 위해 코스별로 투구 수를 집계합니다. 집계용 이중 리스트를 작성하고, 상하위치와 좌우위치를 판정하여 집계용 리스트의 해당 코스에 1을 더해 갑니다. 코드는 다음 페이지와 같습니다. 3페이지에 걸쳐 있으니 주의하세요.

```
01    # 코스별로 집계하기 위한 리스트
02    location = [[0, 0, 0], [0, 0, 0], [0, 0, 0]]
03    # 합계 투구 수를 카운트하기 위한 변수
04    total = 0
05
```

```
06      for height, side in zip(Fastball['plate_z_cm'],
        Fastball['plate_x_cm']):
07        # 상하 위치나 좌우 위치가 스트라이크존 밖일 경우에는 처리를 스킵
08        if height < 50 or 110 < height:
09          continue
10        if side < -30 or 30 < side:
11          continue
12
13        # 상하 위치의 판정
14        if 90 < height <= 110:
15          h = 0
16        elif 70 <= height <= 90:
17          h = 1
18        elif 50 <= height < 70:
19          h = 2
20
21        # 좌우 위치의 판정
22        if -30 <= side < -10:
23          s = 0
24        elif -10 <= side <= 10:
25          s = 1
26        elif 10 < side <= 30:
27          s = 2
28
29        # 집계를 위한 리스트의 판정된 코스에 1을 더함
30        location[h][s] += 1
31        # 스트라이크존 안의 합계 투구 수를 카운트하는 변수에 1을 더함
32        total += 1
```

```
33
34      location
```

CHECK!

zip()

for문 안에서 여러 열의 요소를 순서대로 가져갈 때 등에 사용하는 함수

continue 문

그 이후의 처리를 하지 않고 다음 루프로 넘어가는 것을 명령하는 구문

코드의 설명

6행	첫 번째 루프에서는 첫 행의 plate_z_cm와 plate_x_cm를 각각 height와 side에 대입하고, 두 번째 루프에서는 2행의 plate_z_cm와 plate_x_cm를 각각 height와 side에 대입하고 처리가 이루어집니다.
8행~11행	스트라이크 존 밖의 투구에 대해 처리를 건너뛰도록 프로그래밍하고 있습니다.
13행~27행	상하 위치와 좌우 위치를 판정하고 있습니다. 여기서 판정한 상하 위치와 좌우 위치를 바탕으로 코스를 결정하고, 30행에서 집계 리스트의 해당 코스에 1을 더하고 있습니다.

코드를 실행하면, 리스트 내에 숫자가 더해진 것을 알 수 있습니다. 이렇게 해서 코스별 패스트볼 투구 수를 집계할 수 있었습니다.

다음은 이것을 비율로 변환해 보겠습니다.

조금 전에 코드에서 합계 투구 수를 카운트했으므로, 각 코스의 투구 수를 합계 투구 수로 나누는 것으로 코스별 투구 비율을 계산할 수 있습니다.

```
01      #코스별 투구 비율을 저장하는 리스트
```

```
02    ratio = []
03
04    #각 코스의 투구 비율을 산출하여 ratio에 저장
05    for lst in location:
06      add = [num/total for num in lst]
07      ratio.append(add)
08
09    ratio
```

CHECK!

[식 for문]
리스트 내포 표기라고 불리는 것으로, 조금 복잡하긴 하지만 매우 편리한 구문

코드의 설명

5행~7행	location 내의 리스트를 순서대로 lst에 대입하고 있습니다만, lst의 요소를 num이라는 이름으로 빼내서, num을 total로 나눈 값을 요소로 하는 새로운 리스트를 반환하고 있습니다. 따라서 이 리스트를 ratio에 저장함으로써 코스별 투구 비율을 산출할 수 있었습니다.

히트맵 그리기

코스별 투구 비율을 산출했다면, 드디어 히트맵을 그립니다. 실행할 코드는 다음의 페이지와 같습니다.

```
01    #히트맵 작성
```

```
02    plt.figure(figsize=(8, 8))
03    plt.imshow(ratio, cmap='OrRd')
04
05    #보기 조정
06    plt.colorbar()
07    plt.clim(0, 0.2)
08    plt.title('패스트볼의 코스별 투구 비율')
09    plt.xticks([0, 1, 2], ['3루측', '가운데', '1루측'])
10    plt.yticks([0, 1, 2], ['높음', '가운데', '낮음'])
11    plt.show()
```

실행하면, 빨간색 농도에 따른 히트맵이 그려졌을 것입니다.

상하 위치에서 보자면 가운데 및 오른쪽인 곳이, 좌우 위치에서는 1루측 방향의 투구 비율이 높다는 것을 알 수 있습니다.

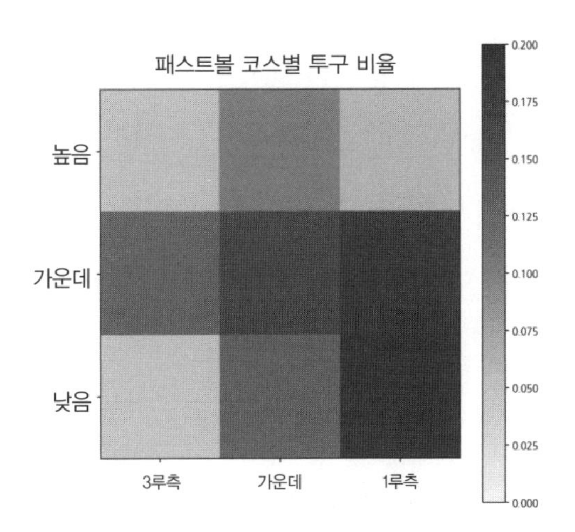

코드의 설명

3행	plt.imshow() → 히트맵을 그리고 있습니다. 괄호 안의 cmap에서는 색을 지정하고 있으며, 이번에는 빨간색의 농담으로 표현하는 OrRd를 이용하고 있습니다.
6행~7행	맵의 오른쪽에 표시되어 있는 컬러 바에 관한 설정입니다. 6행에서는 컬러 바를 표시하도록 명령하고 있으며, 7행에서는 컬러 바의 하한과 상한을 각각 0과 0.2로 설정하고 있습니다.
9행~10행	축의 눈금에 관한 설정입니다. plt.xticks()나 plt.yticks()의 괄호 안에서 눈금을 설정하는 위치와 실제로 표시하는 내용을 지정함으로써 축의 눈금을 임의의 값으로 변경할 수 있습니다.

함수로 정의하기

이번에 작성한 코드처럼 글의 수가 많아지면, 히트맵을 작성할 때마다 매번 같은 코드를 작성하는 것은 상당히 비효율적입니다. 그럴 때 도움이 되는 것이 함수입니다. 실제로 이번 히트맵 작성에 관한 코드를 함수로 정의해 봅시다.

여기서는 그리기에 사용할 데이터와 작성할 그림의 제목을 지정하면 히트맵을 그려주는 함수를 정의하고, create_heatmap이라고 이름을 붙이도록 하겠습니다.

실행하는 코드는 다음과 같습니다. 3페이지에 걸쳐 코드를 나타내고 있으므로 주의해 주세요.

```
def create_heatmap(data, title):
  #코스별 집계를 위한 리스트 작성
  location = [[0, 0, 0], [0, 0, 0], [0, 0, 0]]
  sum = 0

  for height, side in zip(data['plate_z_cm'], data['plate_x_cm']):
```

```
    #높이나 코스가 스트라이크존 밖의 경우는 처리를 건너뛰기
    if height<50 or 110<height:
        continue
    if side<-30 or 30<side:
        continue

    #높이의 분류
    if 90< height <=110:
        h = 0
    elif 70 <= height <= 90:
        h = 1
    elif 50 <= height < 70:
        h = 2

    #코스의 분류
    if -30 <= side < -10:
        s = 0
    elif -10 <= side <= 10:
        s = 1
    elif 10 < side <= 30:
        s = 2

        location[h][s] += 1
        sum += 1

#코스별 투구 비율을 계산
    ratio = []
    for lst in location:
        add = []
        for num in lst:
            add.append(num/sum)
        ratio.append(add)
```

```
#히트맵 작성
plt.figure(figsize=(8, 8))
plt.imshow(ratio, cmap='OrRd')

#보기 조정
plt.colorbar()
plt.clim(0, 0.2)
plt.title(title)
plt.xticks([0, 1, 2], ['3루측', '가운데', '1루측'])
plt.yticks([0, 1, 2], ['높음', '가운데', '낮음'])
plt.show()
```

이제 히트맵 작성을 함수로 정의할 수 있었습니다.

이 함수를 실제로 사용하여 우타자와 좌타자에 대한 패스트볼 코스별 투구 비율을 각각 그려봅시다.

우선은 패스트볼 데이터를 우타자와 좌타자에 따라 나누고, 앞서 정의한 create_heatmap 함수를 사용해서 히트맵을 작성해 보겠습니다. 실행하는 코드는 다음과 같습니다.

```
#패스트볼 데이터를 우타자와 좌타자로 나누기
Fastball_Right = Fastball[Fastball['stand']=='R']
Fastball_Left = Fastball[Fastball['stand']=='L']

#작성한 함수를 사용하여 히트맵을 그리기
create_heatmap(Fastball_Right, '패스트볼의 코스별 투구 비율(우타자)')
create_heatmap(Fastball_Left, '패스트볼의 코스별 투구 비율(좌타자)')
```

다음 페이지와 같은 히트맵을 작성할 수 있으면 완성입니다.

우타자에 대한 투구에서는 좌타자 때보다 1루 쪽 가운데 오른쪽으로의 투구 비율이 증가하는 것을 알 수 있습니다.

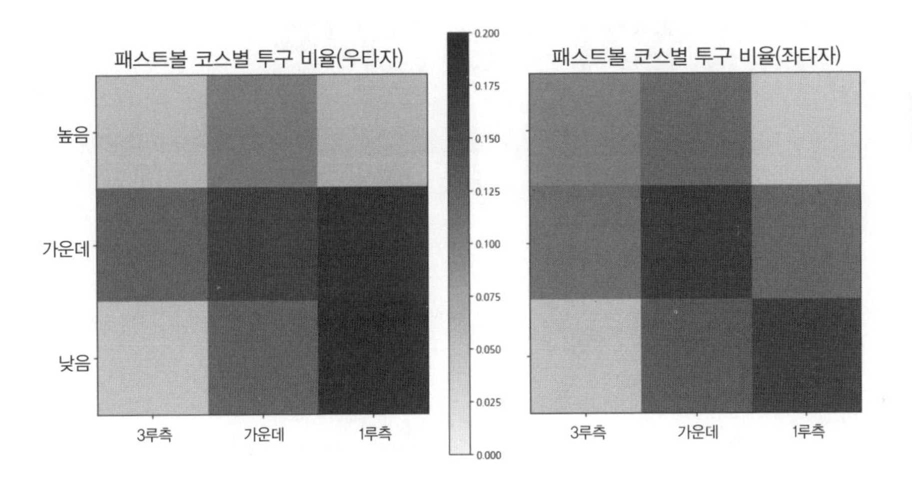

긴 코드가 많아지고 있습니다만, 의미를 이해하기보다 일단 먼저 히트맵 작성을 목표로 코드를 작성해 봅시다!

2-8 릴리스 포인트를 나타내는 상자 수염 그래프

상자 수염 그래프를 작성해 보자!

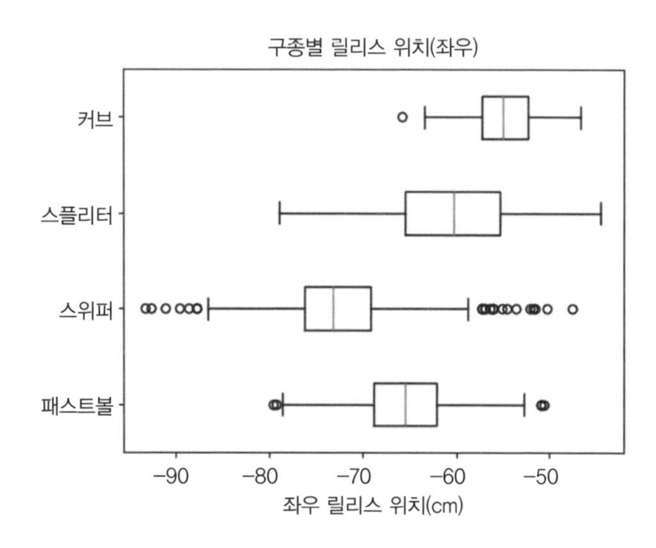

데이터 준비하기

이번에는 투구의 릴리스 포인트에 주목하여 분석해 갑니다. 우선 데이터를 업로드하고 필요한 모듈을 임포트합니다.

```
#모듈 임포트
! pip install koreanize_matplotlib
import koreanize_matplotlib
import pandas as pd
import matplotlib.pyplot as plt
```

다음은 데이터 읽기와 단위의 변환입니다.

릴리스 포인트의 상하 위치와 좌우 위치는 각각 release_pos_z열과 release_pos_x열에 들어가 있습니다만, 단위가 피트로 되어 있습니다. 이것을 센티미터 단위로 변환하기 위해 각각의 숫자에 30.48을 곱한 release_pos_z_cm열과 release_pos_x_cm열을 작성합니다.

```
#데이터 읽기와 단위 변환
df = pd.read_csv('2023_Ohtani.csv')
df['release_pos_x_cm'] = df['release_pos_x'] * 30.48
df['release_pos_z_cm'] = df['release_pos_z'] * 30.48
df
```

단위 변환이 되었다면, 다음은 오타니 선수의 주요 구종인 패스트볼 · 스위퍼 · 스플리터 · 커브의 데이터를 추출해 갑니다.

여기까지 되었다면 데이터의 준비는 완료입니다.

```
#구종별로 데이터를 추출
Fastball = df[df['pitch_type']=='FF']
```

```
Sweeper = df[df['pitch_type']=='ST']
Splitter = df[df['pitch_type']=='FS']
Curve = df[df['pitch_type']=='CU']
```

 상자 수염 그래프 그리기

데이터 준비가 되었다면, 상자 수염 그래프를 그려갑니다.

상자 수염 그래프는 데이터의 분산 정도를 시각화할 때 도움이 됩니다.

우선, 릴리스 포인트의 높이를 시각화해 봅시다. 코드는 다음과 같습니다.

```
01    #상자 수염 그래프를 그리기
      plt.boxplot([Fastball['release_pos_z_cm'],
02    Sweeper['release_pos_z_cm'], Splitter['release_pos_z_cm'],
      Curve['release_pos_z_cm']],
      labels=['패스트볼', '스위퍼', '스플리터', '커브'])
03    plt.ylabel('상하 릴리스 위치(cm)')
04    plt.title('구종별 릴리스 위치(높이)')
05    plt.show()
```

CHECK!

plt.boxplot()
상자 수염 그래프 그리기에 사용하는 코드

전체적으로 스위퍼의 릴리스 포인트는 약간 낮고, 커브의 릴리스 포인트는 약간 높다는 것을 알 수 있습니다.

또한 릴리스의 높이 편차는 구종에 따라 폭이 조금 다르다는 것을 알 수 있습니다.

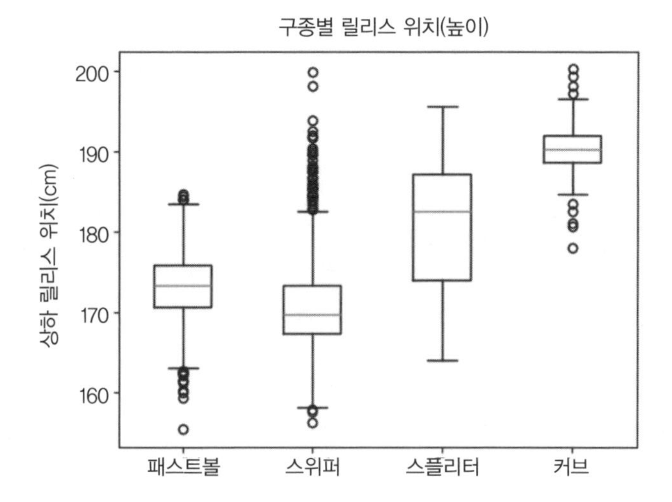

코드의 설명

2행	괄호 안에서는 앞서 분리한 구종별 데이터의 **release_pos_z_cm**열을 각각 지정하고 있습니다. 또한 **labels**를 설정함으로써 **x**축의 눈금을 임의의 값으로 설정할 수 있습니다. 기본적으로 눈금이 **0,1,2,3**··· 이기 때문에 이번에는 각 구종명을 눈금으로 설정하고 있습니다.

가로 방향의 상자 수염 그래프를 작성하기

조금전에 릴리스의 상하 위치를 상자 수염 그래프로 나타냈습니다. 이번에는 릴리스의 좌우 위치를 상자 수염 그래프로 그려보겠습니다.

같은 코드를 사용해도 좋지만, 이번에는 좌우를 효과적으로 나타내기 위해 약간의 변화를 주겠습니다.

plt.boxplot() 안에 vert=False라고 기술해서 상자 수염 그래프를 가로로 그릴 수 있습니다. 코드는 다음과 같습니다.

```
#가로 방향의 상자 수염 그래프 그리기
plt.boxplot([Fastball['release_pos_x_cm'], Sweeper['release_pos_x_cm'],
Splitter['release_pos_x_cm'], Curve['release_pos_x_cm']],
            labels=['패스트볼', '스위퍼', '스플리터', '커브'], vert=False)
plt.xlabel('좌우 릴리스 위치(cm)')
plt.title('구종별 릴리스 위치(좌우)')
plt.show()
```

코드를 실행하면, 다음과 같이 릴리스 포인트의 좌우 위치를 나타내는 가로 방향의 상자 수염 그래프가 그려진 것을 볼 수 있습니다.

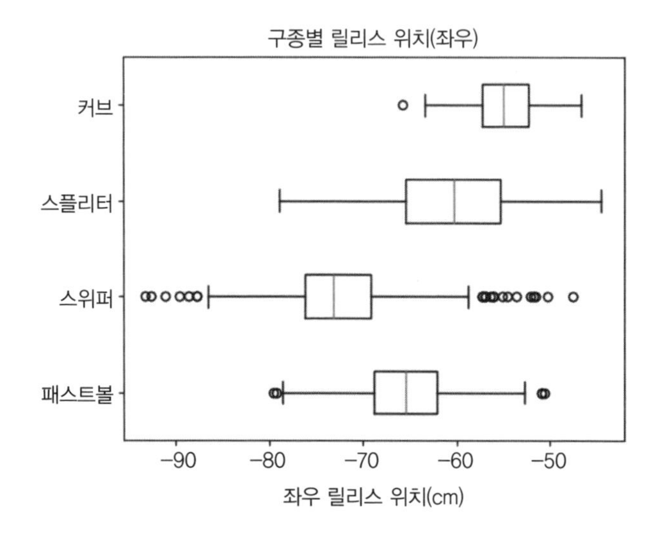

이 좌우 릴리스 포인트의 위치는 플레이트의 중심에서 좌우로 얼마나 떨어진 위치에서 릴리스하고 있는지를 나타내며, 마이너스의 숫자는 3루 쪽을, 플러스의 숫자는 1루 쪽을 나타내고 있습니다.

이 상자 수염 그래프를 보면, 스위퍼의 좌우 릴리스 위치는 플레이트 중심에서 3루 방향으로 멀리 떨어져 있고, 커브의 좌우 릴리스 위치는 플레이트 중심에 가깝다는 것을 알 수 있습니다.

릴리스 위치의 상하와 좌우를 종합적으로 고려하면 스위퍼의 릴리스 위치는 상하 방향에서는 낮고, 좌우 방향에서는 3루 쪽으로 떨어져 있기 때문에 다른 구종을 던질 때보다 팔을 옆으로 휘두르고 있다고 추측됩니다. 오타니 투수가 옆으로 크게 휘는 강력한 스위퍼를 던질 수 있는 것은 이러한 팔의 사용법도 하나의 이유라고 말할 수 있을 것입니다.

어떤 분석 결과를 제시하고 싶은지 명확히 하고
가장 효과적인 그래프 작성에 도전해 봅시다!

Column

자주 있는 오류와 대처법

SyntaxError

Syntax Error는 프로그램의 문법에 관한 오류를 나타내는 것입니다.

이것은 Python의 문법 규칙을 따르지 않는 코드를 적었을 때 발생합니다. 따라서 프로그램은 이 오류가 존재할 경우 실행되지 않습니다.

대처법으로는 오류 메시지를 읽고 Syntax Error가 발생한 곳을 찾습니다. 오류 메시지에는 문제가 있는 코드의 행 번호와 오류의 유형이 나타나 있기 때문에, 그것을 단서로 문제의 원인을 파악합시다. 자주 발생하는 원인으로는 다음과 같은 것들이 있습니다.

1. 괄호나 콜론 등의 누락

```
print('Hello World!)
```

위의 코드에서는 문자열을 감싸는 따옴표를 닫는 것을 잊은 경우입니다.

이 경우에는 아래와 같은 오류 메시지가 출력됩니다.

```
  File  "<ipython-input-1-90c55c13cab7> ", line 1
    print('Hello World!)
          ^
SyntaxError: unterminated string literal (detected at line 1)
```

이 경우, 아래와 같이 따옴표의 쌍을 바르게 닫음으로써 오류가 해결됩니다.

```
print('Hello World!')
```

2. 오타 및 철자 미스

```
character = 12
print(charactor)
```

위의 코드에서는 character 단어를 정의하고서 이를 출력하는 명령어에서는 해당 단어의 스펠링을 잘못 입력함으로 인해 다음과 같은 오류 메시지가 출력됩니다.

```
NameError                                 Traceback (most recent call last)
<ipython-input-5-07a1129471d1> in <cell line: 2>()
      1 character=12
----> 2 print(charactor)

NameError: name 'charactor' is not defined
```

이 경우, 아래와 같이 단어를 올바르게 입력하면 오류가 해결됩니다.

```
character = 12
print(character)
```

FileNotFoundError

FileNotFoundError는 지정한 파일이나 디렉토리가 존재하지 않을 경우에 발생하는 오류입니다. 주로 파일의 읽기나 쓰기를 실행하려고 했을 때에, 해당 파일이나 디렉토리를 찾을 수 없는 경우에 발생합니다.

원인으로는, 파일명을 잘못 알고 있거나, 파일의 업로드를 잊어버리고 있거나 하는 패턴이 많습니다. 오류 메시지의 예로 다음과 같은 것이 있습니다.

```
df = pd.read_csv('sample.csv')
```

이 오류 메시지는 sample.csv라는 이름의 파일이 존재하지 않는 것을 지적하고 있습니다. 파일명을 틀리지 않았는지, Colab에 업로드하는 것을 잊지 않았는지 등을 체크하면 좋습니다.

KeyError

KeyError는 주로 데이터에서 존재하지 않는 키나 라벨을 참조하려고 할 때 발생하는 오류입니다. 이 책에서 사용한 pandas에서는, 열 이름이나 행의 라벨의 불일치 등에서 발생하는 경우가 있습니다.

예로서 아래와 같은 코드에서 나타나는 경우가 있습니다.

```
df['speed_km'] = df['release_speed'] * 1.61
```

위의 코드에서는 df라는 이름의 데이터에 포함된 release_speed 열의 각 값에 1.61을 곱한 speed_km 라는 새로운 열을 만들려고 합니다. 이것을 실행했을 때, 다음과 같은 오류 메시지가 출력되었다고 합시다.

```
KeyError: 'release_speed'
```

이는 df에 release_speed 라는 이름의 열이 존재하지 않음을 나타냅니다. 이 경우는 열 이름이 틀린 경우가 대부분이므로, 대문자와 소문자의 차이 등에도 주의하면서 철자 오류가 없는지 체크해 보세요.

IndentationError

Indentation Error는 코드의 들여쓰기가 부정확하거나 일관성이 없을 때 발생하는 오류입니다. Python은 코드 블록의 구분을 들여쓰기로 식별하기 때문에 정확한 들여쓰기가 매우 중요합니다.

자주 발생하는 원인으로는 다음과 같은 것이 있습니다.

```
x = []

for i in range(1, 10):
x.append(i)
```

위의 코드에서는 for문을 사용하고 있으며, 콜론 다음에 오는 x.append(i) 부분은 들여쓰기를 해야 합니다.

이 코드를 실행하면 아래와 같은 오류 메시지가 출력됩니다.

```
  File "<ipython-input-7-76cba9080647> ", line 4
    x.append(i)
    ^
IndentationError: expected an indented block after 'for' statement on
line 3
```

이 경우는, 다음과 같이 들여쓰기를 하면 오류가 해결됩니다. 들여쓰기를 할 때는 커서를 줄의 앞부분에 놓고 Tab 키를 눌러주세요.

```
x = []

for i in range(1, 10):
  x.append(i)
```

Colab에서는 for문 등을 사용할 때 자동으로 들여쓰기가 설정되도록 되어 있기 때문에 기본적으로는 스스로 들여쓰기를 조정하지 않아도 되도록 되어 있습니다. 단지 Indentation Error가 발생했을 때에는, 어디에서 오류가 발생하고 있는지를 파악하고, Tab 키를 사용해 들여쓰기를 수정해 주세요.

CHAPTER

3

Python의 기초를 배우자

CHAPTER 2에서는, 실제로 직접 실행해보는 것에 중점을 두기 위해 오타니 쇼헤이 선수의 데이터를 바탕으로 Python을 사용한 분석에 대해 설명했습니다.

자세한 코드 설명은 하지 않았기 때문에 코드를 작성하면서 의문을 품는 경우도 있었을 거라고 생각합니다.

CHAPTER 3에서는, 재차 Python의 기초 지식에 대해 설명해 갈 것입니다. 코드를 작성하는 것에 익숙해졌다면, 다음 단계에서 기초 지식의 습득에 도전해 보세요!

PYTHON DATA ANALYSIS STADIUM

3-1 분석 전 준비 1 pip와 import

!pip install

"!pip install"이라는 명령어는 Python에서 리이브리리를 설치힐 때 사용합니다. 이 명령어에 이어 설치하고 싶은 라이브러리를 지정함으로써 쉽게 설치할 수 있습니다.

예를 들어, "!pip install pandas"를 실행하면 pandas라고 하는 라이브러리를 설치할 수 있습니다. 라이브러리를 설치함으로써 데이터 분석이나 처리를 보다 고도화할 수 있습니다.

문장의 첫 부분에 있는 "!"에 대해 의문을 가진 사람도 있을지 모르겠습니다.

이 "!"의 의미는 조금 어렵기 때문에, 여기서는 그냥 '주문'이라고 생각하고 기억해 둡시다!

```
! pip install koreanize_matplotlib
```

"koreanize_matplotlib"을 설치한다.

이 책에서 그래프를 작성할 때, 항상 위의 코드를 실행했었죠. 이는 koreanize_matplotlib이라는 라이브러리를 설치하기 위한 코드입니다. matplotlib에서는 한국어를 표시하려고 하면 글자가 깨질 수 있는데, 이 koreanize_matplotlib을 사용하면 글자 깨짐을 방지할 수 있습니다.

import

"import"는 Python의 라이브러리를 프로그램에 가져오기 위한 명령입니다. 프로그램 내에서 사용할 라이브러리나 모듈을 "import"로 지정함으로써, 그 기능들을 이용할 수 있습니다.

```
import pandas
```
"pandas"라는 라이브러리를 가져온다.

위의 코드는 프로그램 내에서 pandas라는 라이브러리를 사용하기 위한 코드입니다.

예를 들어, pandas의 read_csv 기능을 사용하고 싶을 때는 「pandas.read_csv()」 등으로 호출할 수 있습니다.

또한, 이 책에서는 위의 코드가 여러 번 등장했었죠.

"import ○○" 뒤에 "as △△"를 붙이면, 라이브러리를 호출할 때의 명칭을 간략화할 수 있습니다.

```
import pandas as pd
```
"pandas"을 "pd"라고 줄여서 호출할 수 있다.

예를 들어, 위의 코드에서 "as pd"라고 작성하면 "pandas.read_csv()"가 아닌 "pd.read_csv()"로 호출할 수 있게 됩니다.

라이브러리 이름이 길거나 코드 내에서 여러 번 등장할 때 편리합니다. pandas는 pd로 줄여 쓰는 것이 일반적이므로, 기억해 두면 좋습니다.

pip와 import의 차이

“import”는 이미 설치된 라이브러리를 사용할 때 사용됩니다. 스마트폰에 비유하자면, 앱을 실행하는 느낌입니다.

반면에 “!pip install”은 Python에 최초부터 포함되지 않은 라이브러리 등을 설치할 때 사용됩니다. 스마트폰에 비유하자면, 앱을 다운로드하는 느낌입니다.

즉, Python에 포함되지 않은 외부 라이브러리를 사용할 경우, 먼저 “!pip install”로 설치한 후에 “import”로 실행해야 합니다는 것입니다.

3-2 분석 전 준비 2 pip와 pandas

pandas

pandas는 데이터를 다루기 위한 Python의 라이브러리 중 하나입니다. 이 책에서도 매번 import하여 사용하고 있었습니다.

데이터를 표 형식으로 다룰 수 있어, Excel처럼 데이터의 집계나 가공, 시각화 등을 할 수 있습니다.

pandas를 사용하면 대량의 데이터를 처리할 때 수동으로 작업할 필요가 없고, 처리 속도도 빨라집니다.

pandas는 Python의 기본적인 문법을 이해하고 있으면 쉽게 다룰 수 있기 때문에 매우 편리합니다. pandas를 사용할 때는 다음과 같이 임포트합니다.

```
import pandas as pd
```

"pandas"라는 라이브러리를 호출할 수 있다.

import pandas만으로도 괜찮지만, pandas에 포함된 기능을 이용하기 위해 매번 pandas라고 작성하는 것은 번거롭기 때문에, as pd를 뒤에 추가하여 코드 내에서 pd로 호출할 수 있도록 하고 있습니다.

이제부터는, 이 책에서 등장한 pandas의 기능에 대해 살펴보겠습니다!

read_csv()

read_csv()는 pandas에서 제공하는 기능 중 하나로, CSV 파일을 읽어 들이기 위해 사용됩니다.

CSV 파일은 Comma Separated Values의 약자로, 콤마로 구분된 텍스트 파일 형식으로 데이터가 기록되어 있습니다. 이 함수를 사용하면 CSV 파일을 DataFrame이라고 불리는 형식으로 읽어 들일 수 있습니다. 예를 들어, "sample.csv"라는 파일을 읽어와서 data라는 이름을 붙이고 싶은 경우에는, 다음과 같이 작성합니다.

```
data = pd.read_csv('sample.csv')
```

('sample.csv')라는 이름의 파일을 불러와 data라고 이름을 붙인다.

괄호 안에 파일 이름을 작성합니다.

파일 이름 앞뒤는 작은따옴표(또는 큰따옴표)로 감싸야하므로 잊지 않도록 합시다!

또한, CSV 파일이 아닌 XLSX 파일이나 XLS 파일을 읽고 싶은 경우에는 read_csv 대신에 read_excel을 사용합니다.

head()

head()는 pandas에서 제공하는 기능 중 하나로, 데이터의 앞부분 행을 표시하기 위해 사용됩니다.

괄호 안에 인수를 지정하지 않은 경우, 맨 앞 5행을 표시합니다. 인수에 수치를 지정하여 표시할 행 수를 변경할 수 있습니다.

이 head()는 데이터가 올바르게 읽혔는지 확인하거나, 데이터의 개요를 파악하기 위해 사용됩니다.

```
print(sample.head())
print(sample.head(10))
```

head(10)로 지정함으로써 맨 앞 10행 분량이 표시된다.

첫 번째 행의 코드는 head( )의 괄호 안에 숫자를 지정하지 않았기 때문에, sample의 맨 앞 5행의 내용이 화면에 표시됩니다. 반면, 두 번째 행의 코드는 괄호 안에 10이 지정되어 있으므로, sample의 맨 앞 10행이 출력됩니다.

mean()

mean()은 pandas에 포함된 기능 중 하나로, 데이터의 평균값을 계산하는 데 사용됩니다.

예를 들어, sample이라는 데이터의 평균값을 표시하고 싶을 때는 다음과 같이 작성합니다.

```
print(sample.mean())
```

데이터 분석에서는 평균값을 자주 사용하기 때문에, mean()은 매우 자주 사용됩니다. 꼭 기억해 두세요.

또한, 비슷한 방법으로 중앙값이나 최빈값도 구할 수 있습니다. 평균값은 mean()이었지만, 중앙값은 median()을, 최빈값은 mode()를 사용합니다.

value_counts()

value_counts()는 pandas에 포함된 기능 중 하나로, 데이터 안에 각 요소가 각각 몇 번 등장하는지를 세어줍니다.

예를 들어, 과일 목록이 있을 때 value_counts()를 사용함으로써 사과가 5개,

바나나가 3개, 오렌지가 2개 등과 같이 출현 횟수를 셀 수 있습니다.

따라서, value_counts()는 데이터에 포함된 각 요소의 비율을 대략적으로 파악하는 데 유용합니다.

value_counts()는 카운트 결과를 내림차순으로 정렬하여 반환하기 때문에, 출현 횟수가 많은 요소부터 순서대로 확인할 수 있습니다. 뒤에 ()를 붙이는 것이 필수이므로, 잊지 않도록 합시다.

Python에서만 사용하는 기호가 많지만,
자주 사용하면서 익숙해져 봅시다!

3-3 Python의 기본조작 사칙연산과 화면표시

print()

print()는 화면에 문자열이나 숫자 등을 표시하기 위한 기능입니다.

괄호 안에 문자열이나 숫자를 지정하여 print()를 사용함으로써, 해당 내용을 화면에 표시할 수 있습니다.

print()는 Python에서 가장 기본적인 함수 중 하나로, 프로그래밍을 시작할 때 가장 먼저 학습하는 경우도 많습니다.

#(해시태그)

Python 프로그램에서는 실행할 때 필요한 코드 이외에 메모나 설명을 위한 코멘트를 쓸 수 있습니다.

이때 사용되는 것이 코멘트 아웃이라고 하는 방법입니다.

코멘트 아웃은 특수한 기호를 사용하여 프로그램 내에서 실행되지 않도록 할 수 있습니다.

Python에서는 해시태그를 사용함으로써 해시태그 이후에 쓰인 문자열은 프로그램 실행에 영향을 주지 않고 무시됩니다.

코멘트 아웃을 사용하는 것으로, 프로그램이 읽기 쉬워지고, 자신이나 타인이 프로그램을 더 이해하기 쉽게 만들 수 있습니다.

사칙연산

Python에서는 사칙연산을 간단하게 수행할 수 있습니다. 덧셈은 +기호를, 뺄셈은 −기호를 사용합니다.

예를 들어, print(3+2)를 실행하면 3+2의 답인 5가 화면에 표시됩니다.

마찬가지로 print(3−2)를 실행하면 화면에 1이 표시됩니다.

곱셈과 나눗셈을 할 때는 일반적으로 사용하는 기호와 다르니 기억해 두세요. 곱셈은 * 기호를, 나눗셈은 / 기호를 사용합니다.

이 역시 마찬가지로, print(3*2)를 실행하면 6이, print(3/2)를 실행하면 1.5가 각각 화면에 표시됩니다.

기호	의미	코드	화면표시
+	덧셈	print(3+2)	5
−	뺄셈	print(3−2)	1
*	곱셈	print(3*2)	6
/	나눗셈	print(3/2)	1.5

데이터가 많은 사칙연산의 효율이 높아져서
일상 업무에 도움이 됩니다!

3-4 리스트

리스트

리스트는 여러 값을 한꺼번에 저장하기 위한 것입니다.

리스트에는 문자열이나 숫자 등 다양한 종류의 값을 넣을 수 있습니다. 테스트로 fruits라는 리스트를 만들고, 그 안에 apple, banana, orange라는 3개의 문자열을 저장해 봅시다.

```
fruits = ["apple", "banana", "orange"]
print(fruits)
```

["apple", "banana", "orange"]를 fruits에 저장하고, print(fruits)로 표시한다.

위의 코드에서는 첫 번째 행에서 리스트를 작성하고 있습니다.

두 번째 행의 print(fruits)로 실제로 원하는 리스트가 작성되어 있는 것을 확인할 수 있었습니다.

리스트는 [ ](대괄호)로 둘러싸인 요소의 나열로 표현되며, 요소끼리는 쉼표로 구분됩니다. 리스트의 요소는 순서가 있으며, 각 요소는 0부터 시작하는 인덱스라고 불리는 번호로 접근할 수 있습니다.

예를 들어, 아까 작성한 fruits라고 하는 리스트의 맨 앞에는 "apple"이 저장되어 있습니다. print()를 사용하여 이것을 화면에 표시해 봅시다.

```
print(fruits[0])
```
0부터 시작하는 인덱스(번호)로 접근할 수 있도록 지정한다.

위의 코드처럼 리스트명과 인덱스를 지정하여 리스트의 요소에 접근할 수 있습니다.

인덱스는 0부터 시작하기 때문에, 맨 앞의 요소는 0, 그다음의 요소는 1, 2, 3...으로 이어집니다.

처음에는 틀리기 쉬운 포인트이니 주의합시다!

이렇게 리스트는 데이터를 정리하고 다룰 때 편리한 데이터 구조입니다. 이제부터 리스트의 사용법에 대해 더 알아보겠습니다.

append()

append()는 리스트에 요소를 추가하기 위한 기능입니다.

이미 존재하는 리스트의 말미에 새로운 요소를 추가할 수 있습니다. 이전과 같은 리스트를 작성하고 그 말미에 grape라고 하는 요소를 추가해 봅시다.

```
fruits = ["apple", "banana", "orange"]
fruits.append("grape")
print(fruits)
```
fruits.append("grape")에서 grape라는 요소를 추가한다.

두 번째 행과 같이 append()를 사용하여 괄호 안에 추가하고자 하는 요소를 지정함으로써 리스트 말미에 새로운 요소를 추가할 수 있습니다.

print()를 이용해서 내용을 표시하면 실제로 grape라고 하는 요소가 추가되어 있는 것을 알 수 있습니다.

다음은 리스트에서 요소를 삭제하는 방법을 설명합니다.

pop()

pop()은 리스트에서 지정한 위치의 요소를 삭제하기 위한 기능입니다.

이전과 같은 리스트를 작성하고 이번에는 앞에서 두 번째 요소를 삭제해 봅시다.

```
fruits = ["apple", "banana", "orange"]
fruits.pop(1)          0부터 시작하기 때문에, fruits.pop(1)은 두 번째 요소인 banana를 삭제한다.
print(fruits)
```

두 번째 행과 같이 pop()을 사용하여 괄호 안에 삭제하고자 하는 요소의 인덱스를 지정함으로써, 리스트에서 요소를 삭제할 수 있습니다.

print()로 내용을 표시하면 맨 앞에서 두 번째에 있던 banana라고 하는 요소가 삭제되어 있겠네요.

zip()

zip()은 여러 리스트의 동일한 인덱스에 있는 요소를 한 쌍의 데이터로 다루기 쉽게 하기 위한 도구입니다.

zip()의 사용법을 알기 위해 우선은 방금 전과 같은 fruits 리스트와 각각의 가격을 표시한 prices 리스트를 작성해 봅시다. 그것들을 바탕으로 zip()을 이용하여 각 과일과 그 가격을 세트로 한 fruits_prices라는 이름의 리스트를 작성합니다.

```
fruits = ["apple", "banana", "orange"]
prices = [300, 200, 100]

fruits_prices = list(zip(fruits, prices))
print(fruits_prices)
```

또한 zip()에 의해 생성되는 것은 리스트가 아니기 때문에 5행에서는 zip()의 바깥쪽을 list()로 둘러싸서 생성결과를 리스트로 변환하고 있습니다.

이것만으로는 그렇게 편리하게는 느껴지지 않을 수 있지만, 나중에 등장할 for문(같은 처리를 여러 번 반복할 때 이용하는 구문)과 조합함으로써 zip()의 위력이 발휘됩니다.

예를 들어, 여러 개의 리스트에서 같은 순서에 요소를 꺼내고 처리하고 싶을 때, for문과 zip()의 조합을 사용합니다. 이렇게 함으로써, 각각의 리스트에서 1번째, 2번째, 3번째...등의 요소를 꺼내서 그것을 동시에 사용한 처리 등을 할 수 있게 됩니다.

이중 리스트

이중 리스트는 리스트 안에 또 다른 리스트를 포함한 것입니다. 마트료시카 인형처럼 생각하면 됩니다. 이중 리스트는 다음 페이지와 같이 작성합니다.

```
double_list = [[1, 2], [3, 4, 5], [6, 7]]
print(double_list)
```

[1, 2], [3, 4, 5], [6, 7]이라는 여러 개의 리스트를 작성한다.

예를 들어, 위와 같은 [[1, 2], [3, 4, 5], [6, 7]]이라는 이중 리스트가 있을 경우, 최초의 리스트 [1, 2]는 이중 리스트의 맨 앞에서 첫 번째 요소가 되고, 다음 리스트 [3, 4, 5]는 이중 리스트의 맨 앞에서 두 번째 요소가 되며, 마지막 리스트 [6, 7]는 이중 리스트의 맨 앞에서 세 번째 요소가 됩니다.

따라서, 다음과 같이 맨 앞의 요소를 지정함으로써 [1, 2]라는 리스트가 화면에 표시됩니다.

```
double_list = [[1, 2], [3, 4, 5], [6, 7]]
print(double_list[0])
```

[1, 2]를 리스트 화면에 표시하도록 한다.

또한 이중 리스트에서는 맨 앞의 요소(앞의 예에서는 [1, 2]) 내의 맨 앞의 요소(1)를 추출할 수도 있습니다. 이 경우에는 다음과 같이 지정합니다.

이렇게 이중 리스트에서는, 리스트 안에 리스트를 포함시킴으로써 보다 복잡한 데이터 구조를 표현할 수 있습니다.

```
double_list = [[1, 2], [3, 4, 5], [6, 7]]
print(double_list[0][0])
```

1을 리스트 화면에 표시하도록 한다.

리스트를 잘 활용하면 데이터를 효율적으로 다룰 수 있습니다!

PYTHON DATA ANALYSIS STADIUM

3-5 Python의 기본구문

if문

지금부터는 Python의 기본적인 구문에 대해 학습하겠습니다. 먼저 if문부터 배워보겠습니다.

if문은 프로그램 내에서 특정 조건이 충족될 경우 지정된 처리를 실행하기 위한 명령입니다. if문은 "if 조건식 :"으로 구성됩니다.

마지막의 : 을 잊지 않도록 주의합시다. 예를 들어, 어떤 수치가 10 이상인지 아닌지를 판정할 경우, 다음과 같이 if문을 사용하여 작성할 수 있습니다.

```
if x >= 10:
    print("x는 10 이상입니다.")
else:
    print("x는 10 미만입니다.")
```

10 이상이면 「x는 10 이상입니다.」 10 미만이면 「x는 10 미만입니다.」 라는 문장이 출력된다.

이 경우 변수 x가 10 이상이면 if문의 조건식이 성립되기 때문에 "x는 10 이상입니다."라는 문장이 출력됩니다.

한편 else문은 조건식이 성립하지 않을 경우 실행되는 처리를 지정하는 구문입니다. 따라서 만약에 10 미만이면 "x는 10 미만입니다."라는 문장이 출력이 됩니다.

조건 분기를 더 추가하고 싶은 경우에는 elif를 사용할 수 있습니다. elif는 else와 if를 결합한 것으로, 조건식이 성립하지 않았을 때, 추가적인 조건을 지정해 분기를 실행할 수 있습니다. 예를 들어, 다음과 같이 사용됩니다.

```
if x >= 20:
    print("x는 20 이상입니다.")
elif x >= 10:
    print("x는 10 이상 20 미만입니다.")
else:
    print("x는 10 미만입니다.")
```

20 이상이면 "x는 20 이상입니다." 10 이상 20 미만이면 "x는 10 이상 20 미만입니다." 10 미만이면 "x는 10 미만입니다."라는 문장이 출력된다.

이 경우 변수 x가 20 이상이면 "x는 20 이상입니다."라는 문장이 출력됩니다. 만약 10 이상 20 미만이면 "x는 10 이상 20 미만입니다."라는 문장이 출력됩니다. 그리고 10 미만이면 "x는 10 미만입니다."라는 문장이 출력이 됩니다.

이렇게 if문을 사용함으로써 프로그램의 처리를 유연하게 분기시킬 수 있습니다.

for문

for문은 동일한 처리를 여러 번 반복하여 실행할 경우에 사용됩니다.

예를 들어, 1부터 5까지의 숫자를 순서대로 출력하는 프로그램을 작성하는 경우를 생각해 봅시다.

print(1), print(2)…라고 순서대로 작성할 수도 있습니다만, 이것은 꽤 번거롭습니다. 이러한 반복 처리에서 위력을 발휘하는 것이 프로그래밍입니다. 아래와 같이 for문을 사용함으로써 단 두 줄로 위의 처리를 실행할 수 있습니다. 참고로, range(1,6) 라고 하는 것은 1 이상 6 미만의 정수를 나타냅니다.

```
for i in range(1,6):
    print(i)
```

1 이상 6 미만(즉, 1, 2, 3, 4, 5)의 숫자를 순서대로 변수 i에 대입하여 그 값을 출력한다.

continue

for문 등 반복 처리 중에 자주 사용되는 것이 continue입니다. 이 책에서도 2-7에서 등장했습니다. continue는 해당 시점의 루프 처리를 중단하고, 다음의 루프 처리로 넘어갈 때 사용됩니다. 예를 들어, 다음과 같은 코드가 있다고 합시다.

```
for i in range(1, 6):
    if i == 3:
        continue
    print(i)
```

이 코드에서는 range(1,6)에 의해 1부터 5까지의 숫자가 차례로 추출되어, 그 숫자를 변수 i에 대입합니다.

그리고 if문에서 i가 3인 경우 continue를 실행하여 루프 처리를 중단하고, 그 후 print(i)로 i의 값을 표시합니다. 이 경우 i가 3일 때는 continue에 의해 루프 처리가 중단되기 때문에 그 후에 작성된 print(i)는 실행되지 않습니다. 따라서 출력한 결과는 다음과 같습니다.

```
1
2
4
5
```

이렇게 일부 처리를 건너뛰고 다음 처리로 넘어갈 경우에 conitnue가 사용됩니다.

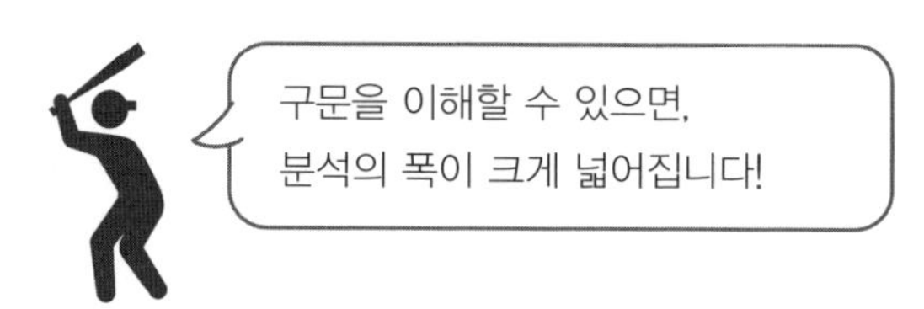

3-6 matplotlib의 사용법

matplotlib이란

matplotlib이란 그래프 그리기 라이브러리 중 하나로 다양한 종류의 그래프를 그릴 수 있습니다.

주요 장점으로는 간단하게 그래프를 그릴 수 있다는 점과 커스터마이즈성이 높다는 점을 들 수 있습니다. 초보자도 간단하게 다룰 수 있기 때문에, 데이터 분석이나 과학 계산의 분야에서 널리 사용되고 있습니다.

특히 matplotlib에 포함된 pyplot이라는 모듈이 편리하기 때문에 이 책에서도 그래프를 작성할 때 자주 사용했습니다.

Python 프로그램 내에서 matplotlib.pyplot을 사용하려면 다음과 같이 import문으로 불러옵니다.

```
import matplotlib.pyplot as plt
```

코드 내에서 사용할 때 matplotlib.pyplot이라고 작성하는 것은 귀찮기 때문에 plt라고 줄여서 사용하는 것이 관례입니다.

matplotlib.pyplot을 import한 후, 이를 이용하여 원형그래프를 그릴 경우에는 "plt.pie()", 막대 그래프를 그릴 경우에는 "plt.bar()" 로 작성합니다.

matplotlib.pyplot으로 작성할 수 있는 그래프나 외형 조정 등에 사용되는 메소드는 많이 있기 때문에 대표적인 것들을 살펴보겠습니다.

주요 그래프의 종류

matplotlib.pyplot에서는 다양한 그래프를 그릴 수 있습니다. 이 책에서 이용한 그래프의 종류에 대해 정리해 보겠습니다.

함수	그래프의 종류	그래프의 특징
plt.pie()	원형 그래프	비율을 나타낼 때 도움이 됩니다.
plt.bar()	막대 그래프	양의 크고 작음을 나타낼 때 도움이 됩니다.
plt.plot()	꺾은선 그래프	시계열에서의 추이를 나타낼 때 도움이 됩니다.
plt.scatter()	산포도	2개의 데이터의 상관관계를 나타낼 때 도움이 됩니다.
plt.imshow()	히트맵	값의 크고 작음을 시각적으로 표현할 때 도움이 됩니다.
plt.boxplot()	상자 수염 그래프	데이터의 편차 정도를 나타낼 때 도움이 됩니다
plt.hist()	히스토그램	양적 데이터 분포의 모습을 보는 데 이용됩니다

그래프마다 어떠한 특징이 있는지도 포함하여 이해함으로써, 효과적인 그래프 작성을 할 수 있습니다.

주요 메소드의 종류

matplotlib.pyplot에서는 외관 조정 등을 수행하는 메소드도 많이 준비되어 있습니다.

이 책에서 이용한 메소드에 대해서, 다음 페이지에 표로 정리했습니다.

메소드	설명
plt.figure()	새로운 그림을 작성합니다.
plt.show()	작성한 그림을 표시합니다.
plt.title()	그림의 제목을 설정합니다.
plt.xlim()	x축의 표시범위를 지정합니다.
plt.ylim()	y축의 표시범위를 지정합니다.
plt.hlines()	수평선을 그립니다.
plt.vlines()	수직선을 그립니다.
plt.legend()	범례를 표시합니다.
plt.colorbar()	컬러바를 그림에 추가합니다.
plt.clim()	컬러 맵의 범위를 지정합니다.
plt.savefig()	작성한 그림을 이미지로 저장합니다.

그래프나 메소드의 의미를 고려하여 CHAPTER 2의 그래프 작성을 복습해 보세요!

Column

Python 학습에 도움이 되는 참고자료

Progate는 온라인으로 프로그래밍을 학습할 수 있는 서비스로 초보자들에게 적극 추천합니다. 가장 큰 장점은 조작이 직관적이고 매우 알기 쉬우며 실시간으로 코드의 동작을 확인하면서 학습을 진행할 수 있다는 점입니다.

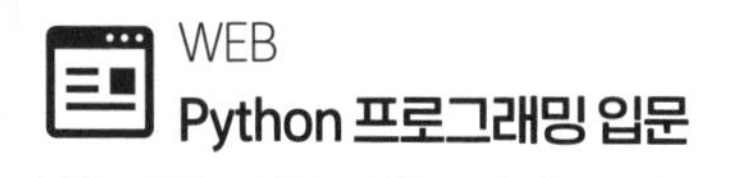

도쿄 대학의 수업에서 사용되고 있는 교재로, 무려 Web에서 무료로 액세스 할 수 있습니다. 포괄적인 내용이 특징으로 의문점이 생겼을 때 교과서처럼 이용하면 편리합니다.

PyQ는 Python을 온라인으로 학습할 수 있는 서비스로, 실제 개발 환경에 가까운 상황에서 스킬을 익힐 수 있습니다. 실용적인 문제가 많아서 중상급자에게 추천합니다.

CHAPTER

4

고객 데이터를 분석해 보자

여기에서는, "매출" "모객" "SNS"의 3개를, Python을 사용해 분석하는 방법을, 일본 프로야구 12개 구단의 데이터를 이용해 설명합니다.

마케팅에서 필요한 3가지 분석 방법을 마스터해서 꼭 관심있는 회사에 적용하여 분석해 보세요!

PYTHON DATA ANALYSIS STADIUM

4-1 분석에 사용할 데이터 준비하기

데이터 준비

CHAPTER 4에서는 프로야구 12개 구단의 데이터를 바탕으로 분석을 진행해 보겠습니다.

실제로 회사의 데이터를 분석할 때는 사내에서 보유하고 있는 수치나 대상 회사의 IR 정보로부터 데이터를 확보하여 분석을 진행합니다만, 이번에 사용할 데이터는 Excel 파일로 정리했습니다.

아래의 QR코드를 스캔하여(혹은 URL로 검색), 데이터를 다운로드 해주세요.

다운로드 URL	다운로드 QR코드
• https://github.com/Youngjin-com/py_baseball_data	

데이터 다운로드가 완료되면, 이제 분석을 시작해 봅시다!

4-2 매출에 관한 분석

총자산의 분석

여기에서는, 관보에 게재된 결산 공고의 데이터를 바탕으로 프로야구팀의 재무 상황을 간단히 분석해 보겠습니다.

먼저 다운로드한 파일 중에서 "2021_finance.csv"를 업로드하고 CHAPTER 2와 동일한 방식으로 모듈을 임포트합니다.

```
#모듈의 임포트
! pip install koreanize_matplotlib
import koreanize_matplotlib
import pandas as pd
import matplotlib.pyplot as plt
```

다음으로 데이터 읽기입니다.

파일명이라고 적혀 있는 부분은 2021_finance.csv 등 자신이 업로드한 파일의 이름으로 바꿔 쓰도록 하겠습니다.

```
#데이터 읽기
df = pd.read_csv('파일명')
df
```

데이터 불러오는 부분까지 완료했나요?

데이터의 내용은 각 구단의 결산 공고의 자산과 부채, 순자산의 금액입니다. 참고로, 프로야구 12팀 중 자이언츠와 주니치 2팀은 결산을 공고하지 않아 10팀의 데이터만이 들어가 있습니다.

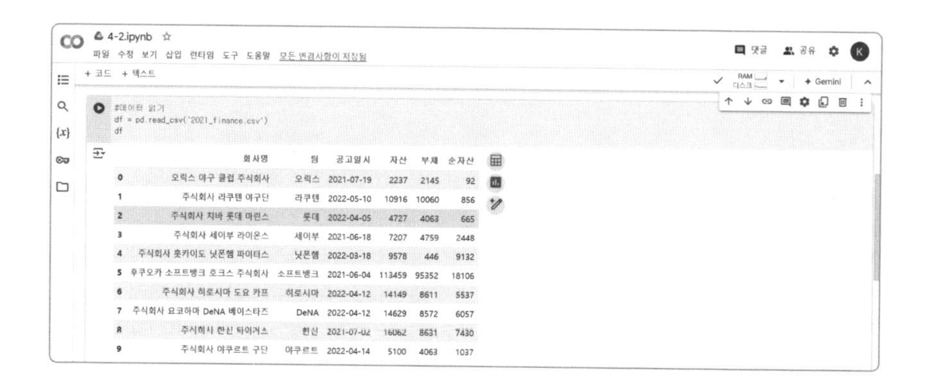

	회사명	팀	공고일시	자산	부채	순자산
0	오릭스 야구 클럽 주식회사	오릭스	2021-07-19	2237	2145	92
1	주식회사 라쿠텐 야구단	라쿠텐	2022-05-10	10916	10060	856
2	주식회사 치바 롯데 마린스	롯데	2022-04-05	4727	4063	665
3	주식회사 세이부 라이온스	세이부	2021-06-18	7207	4759	2448
4	주식회사 홋카이도 닛폰햄 파이터스	닛폰햄	2022-03-18	9578	446	9132
5	후쿠오카 소프트뱅크 호크스 주식회사	소프트뱅크	2021-06-04	113459	95352	18106
6	주식회사 히로시마 도요 카프	히로시마	2022-04-12	14149	8611	5537
7	주식회사 요코하마 DeNA 베이스타즈	DeNA	2022-04-12	14629	8572	6057
8	주식회사 한신 타이거스	한신	2021-07-02	16062	8631	7430
9	주식회사 야쿠르트 구단	야쿠르트	2022-04-14	5100	4063	1037

총자산액의 막대 그래프를 작성하기

그렇다면 먼저, 각 구단의 총자산액을 막대 그래프로 만들어 봅시다.

막대 그래프 작성에는 plt.bar()을 이용한다고 했죠!

실행하는 코드는 다음과 같습니다.

```
#막대 그래프의 작성
plt.figure(figsize=(10,6))
plt.bar(df['팀'], df['자산'])
plt.title('구단별 총자산액')
plt.show()
```

다음 페이지와 같은 그래프가 작성되었다면 OK입니다.

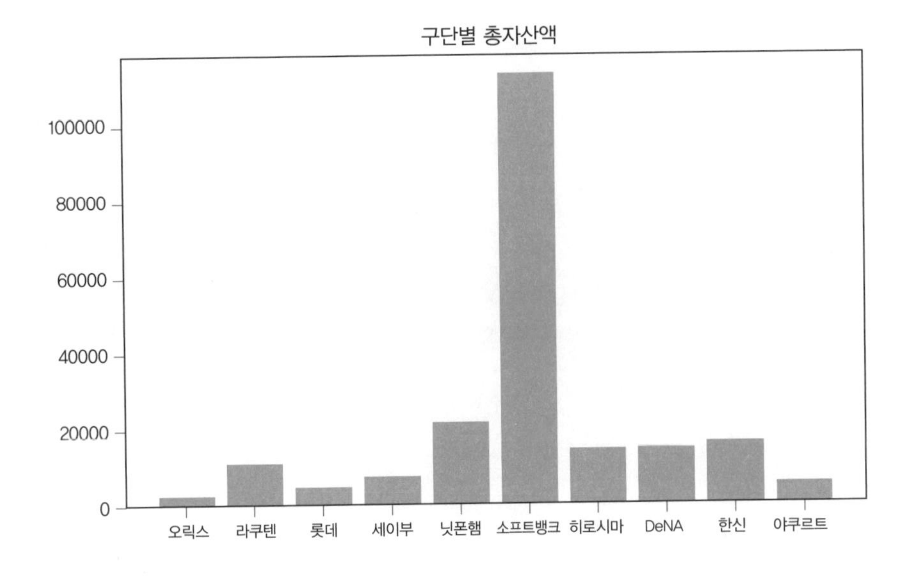

소프트뱅크의 총자산만이 다른 팀에 비해 압도적으로 많다는 것을 알 수 있습니다. 이것은 왜 그럴까요?

사실 프로야구 12팀 중에서 완전히 자신들이 구장을 소유하고 있는 것은 소프트뱅크 호크스 뿐입니다. 그 이외의 팀은 지자체 등이 소유하고 있는 구장을 빌리고 있거나, 그룹 기업이나 모회사 등이 구장을 소유하고 있어, 연고지의 구장이 자산액에 들어 있지 않습니다.

그렇기 때문에 소프트뱅크의 자산액만 유독 많아진 것입니다.

 경영의 건전성을 알 수 있는 "자기자본비율"의 분석

다음으로 각 구단의 자기자본비율을 분석해 봅시다.

자기자본비율이란 총자본 중 순자산이 차지하는 비율로 얼마나 자기자본에 의존하고 있는지를 나타냅니다.

일반적으로 자기자본비율이 높은 경우는, 총자본 중 변제해야 하는 부채(타인자본)에 의해 충당되는 부분이 적기 때문에, 경영의 건전성이 높다고 여겨지고 있습니다.

그럼 바로 각 구단의 자기자본비율을 조사해 봅시다.

현재 데이터에는 자기자본비율이 적혀 있지 않기 때문에 먼저 자기자본비율을 산출하는 것부터 시작하겠습니다. "자기자본비율 = 순자산 ÷ (부채 + 순자산)"으로 표시되기 때문에 다음 코드를 실행하여 자기자본비율의 열을 추가합시다.

```
#자기자본비율의 산출
df['자기자본비율'] = df['순자산'] / (df['순자산'] + df['부채'])
df
```

정상적으로 실행되었다면 실제로 자기자본비율 열이 추가된 데이터가 표시되었을 것입니다.

무사히 열을 추가했다면, 각 구단의 자기자본비율을 막대 그래프로 시각화해 봅시다. 실행하는 코드는 다음과 같습니다.

```
#막대 그래프의 작성
plt.figure(figsize=(10,6))
plt.bar(df['팀'], df['자기자본비율'])
plt.title('팀별 자기자본비율')
plt.show()
```

코드를 실행하면 다음 페이지와 같은 그래프를 확인할 수 있습니다.

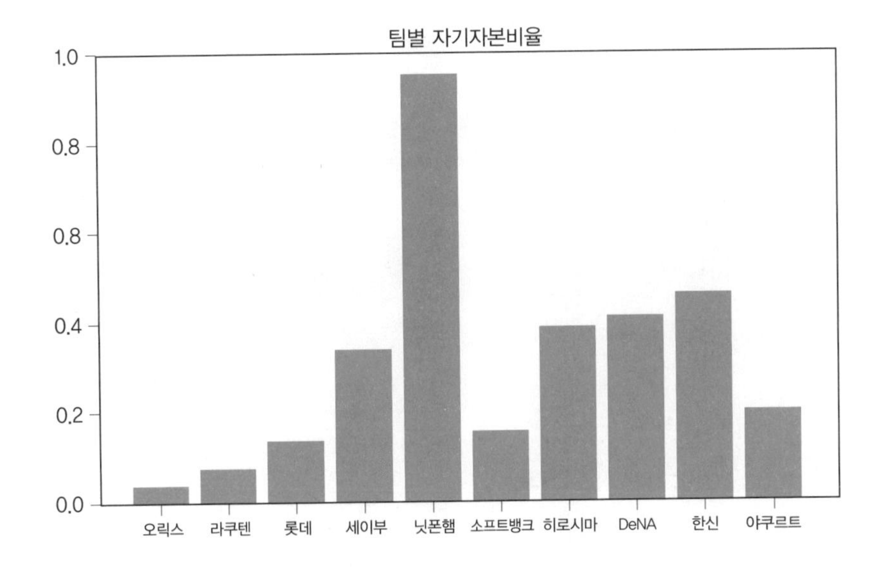

이번에는 닛폰햄의 자기자본비율만 유독 높다는 것을 알 수 있습니다. 이 배경에도 앞서 마찬가지로 구장의 문제가 관련되어 있습니다.

닛폰햄은 2022년 시즌까지 삿포로 돔이라는 구장을 연고로 하고 있었습니다. 이 삿포로 돔은 닛폰햄 파이터스가 삿포로시의 제3섹터인 삿포로 돔 주식회사로 부터 빌리는 형태로 사용하고 있었습니다.

그러나 대우 문제 등으로 인해 자체적으로 새로운 구장을 만들기로 계획하고 있던 닛폰햄 파이터스는, 꾸준히 이익을 축적해 2023년 시즌부터 새로운 구장을 연고지로 했습니다.

이번 데이터로 사용한 결산 공고는 2022년 3월에 나온 것이기 때문에, 마침 새 구장이 생기기 직전의 이익이 적립된 상태인 셈입니다. 그러한 이유 때문에 닛폰햄의 자기자본비율이 다른 구단에 비해 매우 높게 되어 있는 것입니다.

다른 회사에서 분석해 보거나, 자기자본비율 이외의
다른 지표로 분석해 보거나, 관심있는 회사를
시각화해봅시다!

4-3 집객에 관한 분석

구장별 관중 수 비교

여기에서는 2022년 프로야구 경기별 관중 수 데이터를 바탕으로 구장별 관람객 수를 분석해 보겠습니다(자료는 「데이터로 즐기는 프로야구」 https://baseballdata.jp/에서 제공).

먼저 다운로드한 파일 중에서 "2022_audience.csv"를 업로드하고 모듈을 임포트해 보겠습니다.

```
#모듈의 임포트
! pip install koreanize_matplotlib
import koreanize_matplotlib
import pandas as pd
import matplotlib.pyplot as plt
```

다음으로 데이터를 읽습니다.

파일명이라고 적혀 있는 부분은 2022_audience.csv 등 자신이 업로드한 파일의 이름으로 바꿔 쓰도록 합시다.

```
#데이터 읽기
df = pd.read_csv('파일명')
df
```

무사히 데이터를 읽을 수 있다면 다음과 같은 화면이 될 것입니다.

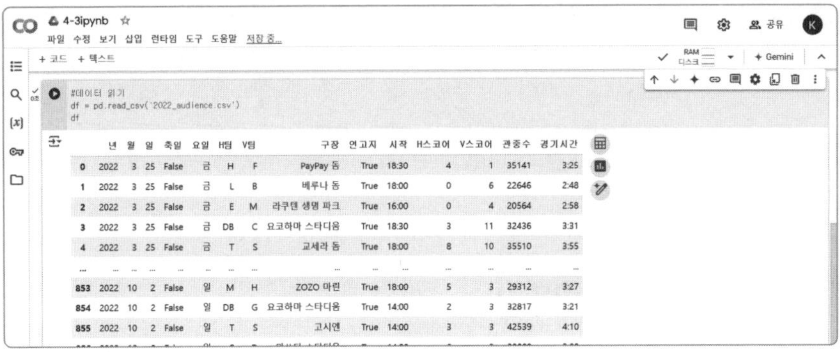

4-3ipynb
파일 수정 보기 삽입 런타임 도구 도움말 저장 중...
공유
+ 코드 + 텍스트
RAM
디스크
Gemini
#데이터 읽기
df = pd.read_csv('2022_audience.csv')
df
년 월 일 축일 요일 H팀 V팀 구장 연고지 시작 H스코어 V스코어 관중수 경기시간
0 2022 3 25 False 금 H F PayPay 돔 True 18:30 4 1 35141 3:25
1 2022 3 25 False 금 L B 베루나 돔 True 18:00 0 6 22646 2:48
2 2022 3 25 False 금 E M 라쿠텐 생명 파크 True 16:00 0 4 20564 2:58
3 2022 3 25 False 금 DB C 요코하마 스타디움 True 18:30 3 11 32436 3:31
4 2022 3 25 False 금 T S 교세라 돔 True 18:00 8 10 35510 3:55
... ...
853 2022 10 2 False 일 M H ZOZO 마린 True 18:00 5 3 29312 3:27
854 2022 10 2 False 일 DB G 요코하마 스타디움 True 14:00 2 3 32817 3:21
855 2022 10 2 False 일 T S 고시엔 True 14:00 3 3 42539 4:10

경기별로 개최일이나 개최장소, 시작 시간, 관중 수 등이 기재된 데이터라는 것을 알 수 있습니다.

데이터 읽기가 완료되면 구장별로 데이터를 나눕니다.

프로야구는 지방 구장에서 개최되기도 합니다만, 이번에는 알기 쉽게 하기 위해 연고지에서의 경기만으로 좁혀 분석하기로 합니다.

데이터 내에 "연고지"라는 이름의 열이 있고, 12개 구단 중 어느 한쪽 연고지에서의 경기인 경우에는 True, 어느 팀의 연고지도 아닌 구장에서의 경기인 경우에는 False가 들어가 있습니다. 우선은 이 "연고지"열이 True인 데이터만을 추출하여 df_home이라고 이름을 붙입니다. 코드는 다음과 같습니다.

```
#연고지 개최의 경기만 추출
df_home = df[df['연고지']==True]
df_home['구장'].value_counts()
```

연고지 개최의 경기만을 추출할 수 있으면, 이제는 데이터를 구장별로 나눕니다.

방금 코드의 세 행에서 value_counts()를 이용했을 때 df_home 데이터에 포함되어 있는 모든 구장이 표시되었습니다. 따라서, 전 단계의 준비로 모든 구장을 stadiums라는 이름의 리스트에 저장해 둡시다.

```
# 구장명을 리스트에 저장
stadiums = ['PayPay 돔', '베루나 돔', '라쿠텐 생명 파크',
            '교세라 돔', 'ZOZO 마린', '삿포로 돔',
            '요코하마 스타디움', '도쿄 돔', '진구', '마쓰다 스타디움',
            '반테린 돔', '고시엔']
```

그래프를 작성하기

지금부터는 결과를 그래프화하기 위한 준비를 하겠습니다.

처음에는 각 구장의 평균 관중 수를 저장하기 위한 빈 리스트를 작성하고, stadium_average라고 이름을 붙여 둡시다.

다음으로 for문을 사용하여 방금 작성한 모든 구장의 리스트로부터 구장명을 하나씩 추출하고, 각 구장의 데이터를 추출합니다.

추출이 완료되면 mean()을 이용하여 관중 수의 평균값을 산출하고 stadium_average에 추가합니다.

처리가 완료되면 stadium_average 안에는 각 구장의 평균 관중 수가 들어 있을 것입니다. 코드는 다음과 같습니다.

```
# 결과를 저장하는 빈 리스트를 작성
stadium_average = []
```

```
# 구장명을 순서대로 대입
for stadium in stadiums:
  stadium_data = df_home[df_home['구장'] == stadium]
  average = stadium_data['관중수'].mean()
  stadium_average.append(average)

stadium_average
```

여기까지 완료했으면, 이제는 실제로 그래프를 그려봅시다.

이번에는 구장별 평균 관중 수의 규모를 직관적으로 파악할 수 있도록 막대 그래프를 사용해 보겠습니다. 코드는 다음과 같습니다.

```
# 막대 그래프의 작성
plt.figure(figsize=(20,8))
plt.bar(stadiums,stadium_average)
plt.title('구장별 관중 수')
plt.show()
```

2행의 plt.figure(figsize=(20,8)) 부분에서는 그래프의 사이즈를 지정하고 있습니다.

사이즈를 지정하지 않고 그리면 x축의 구장명이 겹쳐서 보기 어렵기 때문에, 조금 큰 그래프를 그리도록 설정하고 있습니다.

다음 페이지와 같은 그래프가 만들어지면 완료입니다!

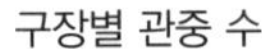

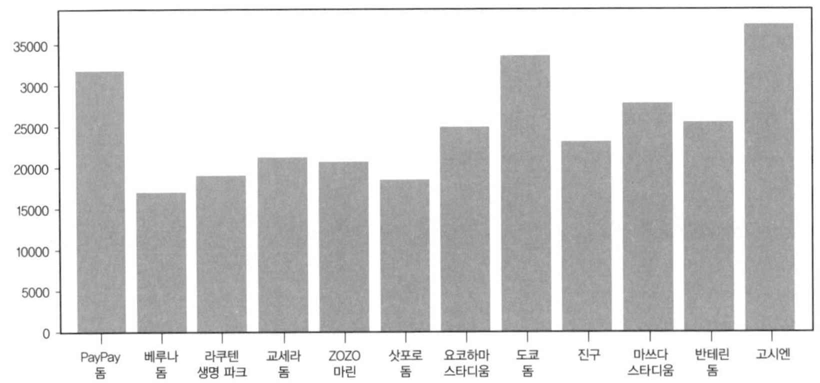

한신 타이거스가 연고지로 하는 한신 고시엔 구장이 가장 많고, 다음으로 요미우리 자이언츠가 연고지로 하는 도쿄 돔이 많다는 것을 알 수 있습니다!

또한, 왼쪽의 6팀이 퍼시픽 리그, 오른쪽의 6팀이 센트럴 리그로 되어 있어 퍼시픽리그보다 센트럴 리그의 관중 수가 더 많다는 것을 알 수 있습니다.

요일별 관중 수 비교

다음은 요일별 관중 수를 살펴보겠습니다.

흐름은 이전과 같습니다. 먼저, 모든 요일명을 저장한 리스트를 작성합시다. 코드는 다음과 같습니다.

```
#요일명을 리스트에 저장
days = ['월', '화', '수', '목', '금', '토', '일']
```

다음은 결과를 그래프화 하기 위한 준비를 하겠습니다.

각 요일의 평균 관중 수를 저장하기 위한 빈 리스트를 작성하고 day_average라고 이름을 붙여 둡시다.

그리고 for문을 사용해서 앞에서 작성한 요일의 리스트에서 요일명을 하나씩 꺼내어 각 요일의 데이터를 추출합니다. 추출이 되면 mean()을 이용하여 관중 수의 평균값을 산출하여 day_average에 추가합니다.

처리가 완료되면 day_average 안에는 각 구장의 요일별 평균 관중 수가 들어 있을 것입니다. 코드는 다음과 같습니다.

```
#결과를 저장하는 빈 리스트를 작성
day_average = []

#요일명을 순서대로 대입
for day in days:
  day_data = df_home[df_home['요일']==day]
  average = day_data['관중수'].mean()
  day_average.append(average)

day_average
```

리스트 작성이 완료되면 실제로 그래프를 그려 봅시다.

이번에는 요일별 평균 관중 수의 추이를 파악할 수 있도록 하고 싶기 때문에 꺾은선 그래프를 사용하겠습니다. 코드는 다음과 같습니다.

```
#꺾은선 그래프의 작성
plt.plot(days, day_average)
plt.title('요일별 관중 수')
plt.show()
```

다음 그림과 같은 그래프가 작성되었으면 완료입니다!

관중 수가 많은 날은 월요일과 토요일이고, 적은 날은 화요일, 수요일, 목요일이고, 금요일은 그 중간 정도인 것으로 나타납니다.

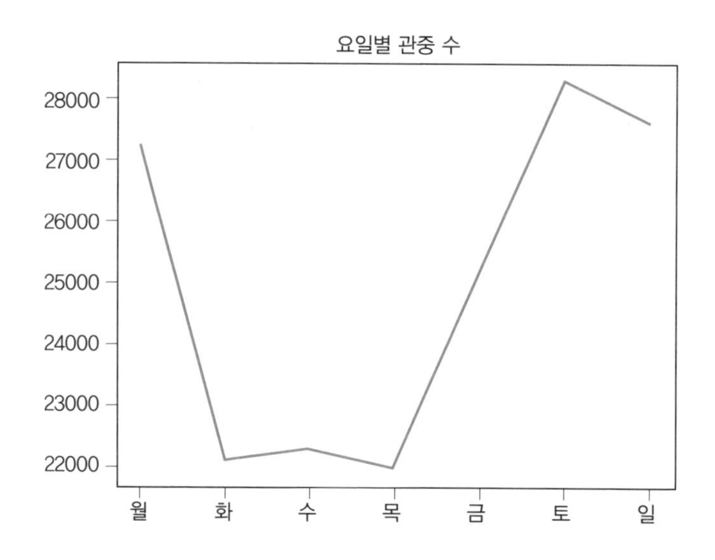

이 그래프를 보고 월요일 관중 수가 토, 일요일과 비슷한 규모라는 것에 의문을 가졌을 지도 모르겠습니다.

기본적으로 프로야구는 화요일부터 일요일에 걸쳐 진행되며, 월요일은 쉬는 날이 많습니다. 그러나 월요일이 공휴일인 경우나 이벤트가 개최되는 경우에는 월요일에 경기를 할 수도 있습니다. 이러한 사정으로 월요일 경기에는 주말과 비슷한 관중 수가 들어가 있는 것으로 추측됩니다.

 대전 카드별 관중 수 비교

다음은 대전 카드별 관중 수에 주목해 봅시다. 어느 팀 간의 경기가 인기가 있을까요?

우선, 센트럴 리그팀 간의 경기에 주목하겠습니다.

이번 데이터에서는 "H팀"이라는 이름의 열에 홈 팀이, "V팀"이라는 이름의 열에 비지터 팀(보통 어웨이 팀이라고 부르기도 함)이 각각 이니셜로 기입되어 있습니다. 따라서 센트럴 리그 6팀의 이니셜을 central_teams라는 이름의 리스트에 저장합니다. 덧붙여 DeNA는 DB라는 약호를 이용합니다. 코드는 다음 페이지와 같습니다.

```
#센트럴 리그 팀의 이니셜을 리스트에 저장
central_teams = ['T', 'C', 'DB', 'G', 'S', 'D']
```

역자 설명

일본 프로야구(NPB)는 센트럴 리그와 퍼시픽 리그로 나뉘어 있으며, 각 소속팀별 약호를 정리하자면 다음과 같습니다.

센트럴 리그

팀명	연고지	약호
한신 타이거스	효고현 니시노미야시	T
히로시마 도요 카프	히로시마현 히로시마시	C
요코하마 DeNA 베이스타즈	가나가와현 요코하마시	DB
요미우리 자이언츠	도쿄도	G
도쿄 야쿠르트 스왈로즈	도쿄도	S
주니치 드래곤즈	아이치현 나고야시	D

퍼시픽 리그

팀명	연고지	약호
오릭스 버팔로즈	오사카부 오사카시	B
치바 롯데 마린스	치바현 치바시	M
후쿠오카 소프트뱅크 호크스	후쿠오카현 후쿠오카시	H
토호쿠 라쿠텐 골든 이글스	미야기현 센다이시	E
사이타마 세이부 라이온즈	사이타마현 토코로자와시	L
홋카이도 닛폰햄 파이터스	홋카이도 키타히로시마시	F

이제 각 대전 카드의 평균 관중 수를 산출해 보겠습니다.

계산을 하기 전에 결과를 저장하기 위한 빈 리스트를 작성하고 central_numbers라고 이름을 붙여 둡시다.

빈 리스트가 작성되면 for문을 이용하여 팀별 홈 경기만을 추출한 데이터를 작성하고 home_data라고 이름을 붙입니다.

예를 들어, 1회째의 루프라면 "H팀"의 열이 "T"의 데이터만이 추출됩니다.

그런 다음, 이 데이터 내에서 다시 한번 for문을 사용하여 홈 경기 데이터를 상대 팀별로 나누어 추출합니다. "H팀"이 "T"의 데이터에서, "V팀"이 "C"의 데이터나, "V팀"이 "DB"의 데이터 등이 순서대로 추출됩니다. 추출된 데이터는 home_visitor_data로 이름을 붙이도록 합니다.

여기까지 되었다면, 관중 수의 평균치를 mean()으로 계산하고, lst라고 이름 붙인 빈 리스트에 저장합니다. 게다가 visitor에 모든 팀명을 다 넣으면 처음에 작성한 central_numbers에 lst를 저장합니다.

for문이 2중으로 나오는 등 조금 복잡하지만 조금씩 이해해 나가면 괜찮습니다. 코드는 다음과 같습니다.

```
# 결과를 저장하는 빈 리스트를 작성
central_numbers = []

# home에 팀명을 순서대로 대입
for home in central_teams:
  home_data = df[df['H팀'] == home]
  lst = []
  # visitor에 팀명을 순서대로 대입
  for visitor in central_teams:
    home_visitor_data = home_data[home_data['V팀'] == visitor]
    average = home_visitor_data['관중수'].mean()
    lst.append(average)
```

```
    central_numbers.append(lst)

central_numbers
```

이것으로 각 대전 카드의 평균 관중 수를 저장한 이중 리스트가 작성되었습니다.

이 이중 리스트를 바탕으로 그래프를 작성합니다.

이번에는 관중 수의 크고 작음을 알기 쉽도록 히트맵으로 표시해 봅시다. 히트맵 작성에는 plt.imshow()를 이용합니다. 코드는 다음과 같습니다.

```
#히트맵 작성
plt.figure(figsize=(8, 8))
plt.imshow(central_numbers, cmap='OrRd')

#보기 조정
plt.colorbar()
plt.title('대전 카드별 평균 관중 수 (센트럴 리그) ')
plt.xticks([0, 1, 2, 3, 4, 5], central_teams)
plt.yticks([0, 1, 2, 3, 4, 5], central_teams)
plt.xlabel('어웨이 팀')
plt.ylabel('홈 팀')
plt.show()
```

보기 조정 부분에서 plt.xticks()나 plt.yticks()라고 하는 부분이 있습니다. 여기에서는 각각 x축과 y축의 눈금에 표시한 값을 지정하고 있으며, 이번에는 어느 쪽에도 팀명이 순서대로 오도록 설정하고 있습니다. 다음과 같은 그래프가 생성되었다면 완료입니다!

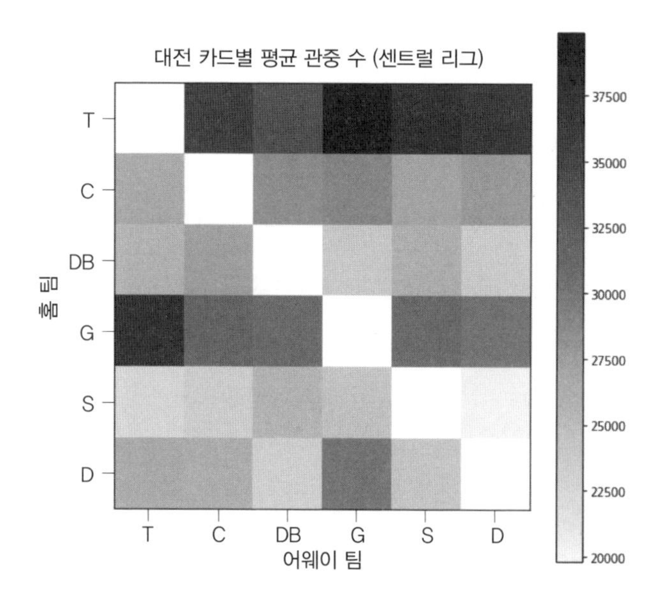

그래프를 보면, 홈 팀이 한신(T)인 경기에서 색이 진해져, 관중 수가 많다는 것을 알 수 있습니다.

특히 홈 팀이 한신, 어웨이 팀이 요미우리(G)의 경기는 가장 빨간색이 진하게 표시되어 가장 인기인 것 같습니다.

또한, 홈 팀이 요미우리(G)이고 어웨이 팀이 한신(T)의 경기도 눈에 띄게 붉어지고 있습니다. 한신(T)과 요미우리(G)의 경기는 「전통의 일전」이라고 불리는 라이벌전인 만큼, 매우 인기가 높은 조합이라고 할 수 있겠네요!

반면, 야쿠르트(S)가 홈 팀인 경기에서는 연한 색인 부분이 많아 관중 수가 비교적 적은 것으로 보입니다.

이 분석 방법을 활용하면, 이벤트의 집객수나 상품의 판매 동향 등 다양한 것을 알 수 있습니다!

4-4 SNS에 관한 분석

노출 수의 분석

다음은 집객에 필수적인 도구라고 할 수 있는 SNS의 데이터를 분석하겠습니다. 먼저 조금 전에 다운로드한 파일 중에서 "X_data.csv"를 업로드하고, 모듈을 임포트합니다(출처는 지인의 허락을 받은 데이터입니다).

```
#모듈의 임포트
! pip install koreanize_matplotlib
import koreanize_matplotlib
import pandas as pd
import matplotlib.pyplot as plt
```

다음은 데이터 읽기입니다. 파일명이라고 쓰여 있는 곳은 X_data.csv 등, 자신이 업로드한 파일의 이름으로 바꿔줍시다.

```
#데이터 읽기
df = pd.read_csv('파일명')
df
```

무사히 데이터를 읽을 수 있다면, 다음 페이지와 같은 화면이 될 것입니다.

X(Twitter)의 게시글(포스트)마다 일시나 노출 수, 좋아요 수, 리포스트 수 등이 기재되어 있는 것을 알 수 있습니다.

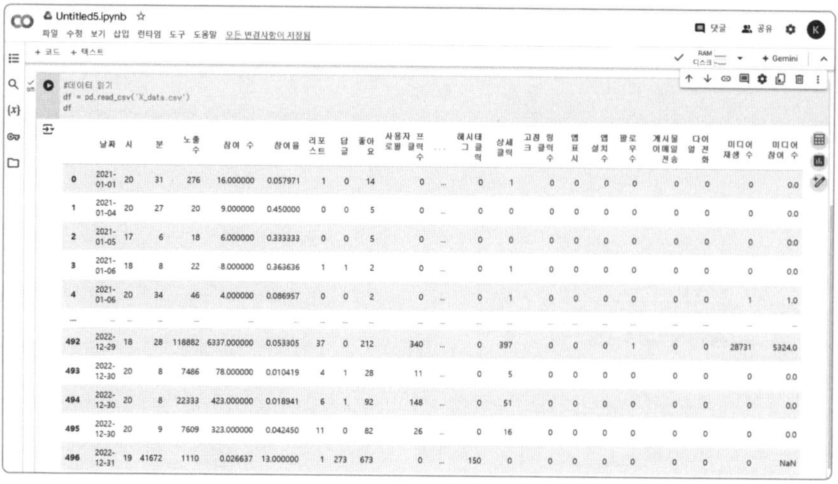

Untitled5.ipynb

파일 수정 보기 삽입 런타임 도구 도움말 모든 변경사항이 저장됨

```
#데이터 읽기
df = pd.read_csv('X_data.csv')
df
```

	날짜	시	분	노출 수	참여 수	참여율	리포스트	답글	좋아요	사용자 프로필 클릭 수	...	해시태그 클릭	상세 클릭	고정 링크 클릭 수	앱 표시	앱 설치 수	팔로우 수	게시물 이메일 전송	다이얼 전화	미디어 재생 수	미디어 참여 수
0	2021-01-01	20	31	276	16.000000	0.057971	1	0	14	0	...	0	1	0	0	0	0	0	0	0	0.0
1	2021-01-04	20	27	20	9.000000	0.450000	0	0	5	0	...	0	0	0	0	0	0	0	0	0	0.0
2	2021-01-05	17	6	18	6.000000	0.333333	0	0	5	0	...	0	0	0	0	0	0	0	0	0	0.0
3	2021-01-06	18	8	22	8.000000	0.363636	1	1	2	0	...	0	1	0	0	0	0	0	0	0	0.0
4	2021-01-06	20	34	46	4.000000	0.086957	0	0	2	0	...	0	1	0	0	0	0	0	0	1	1.0
...	...	...	...	...	...	...	...	...	...	...	...	...	...	...	...	...	...	...	...	...	...
492	2022-12-29	18	28	118882	6337.000000	0.053305	37	0	212	340	...	0	397	0	0	0	1	0	0	28731	5324.0
493	2022-12-30	20	8	7486	78.000000	0.010419	4	1	28	11	...	0	5	0	0	0	0	0	0	0	0.0
494	2022-12-30	20	8	22333	423.000000	0.018941	6	1	92	148	...	0	51	0	0	0	0	0	0	0	0.0
495	2022-12-30	20	9	7609	323.000000	0.042450	11	0	82	26	...	0	16	0	0	0	0	0	0	0	0.0
496	2022-12-31	19	41672	1110	0.026637	13.000000	1	273	673	0	...	150	0	0	0	0	0	0	0	0	NaN

노출 수의 추이를 그래프화하기

노출 수란 포스트(게시글)가 사용자의 타임라인에 표시된 횟수를 말합니다.

추이를 표현하기 위해서 그래프의 종류는 꺾은선 그래프로 해봅시다.

꺾은선 그래프를 만들 때의 코드는 plt.plot()이었습니다. 코드는 다음과 같습니다.

```
#꺾은선 그래프의 작성
plt.plot(df['노출 수'])
plt.title('노출 수의 추이')
plt.xlabel('포스트 수')
plt.ylabel('노출 수')
plt.ylim(0, 5000)
plt.show()
```

다음과 같은 그래프가 작성되었다면 완료됩니다.

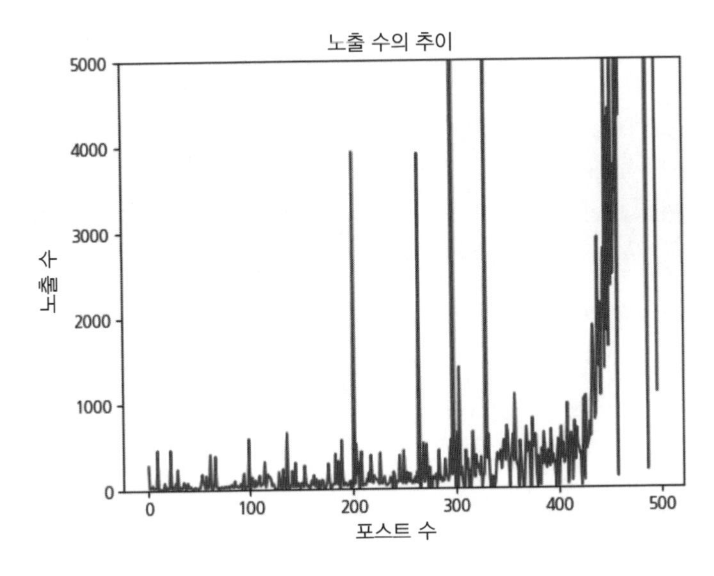

포스트 수가 200을 넘은 무렵부터 가끔 노출 수가 많은 포스트가 나타나기 시작했고, 450 정도에서 단숨에 노출 수가 증가한 것을 알 수 있습니다!

돌발적으로 노출 수가 많은 포스트에는 어떤 특징이 있는지, 노출 수가 단숨에 증가하기 시작한 시점이 어느 타이밍이었는지 등을 살펴본다면 더 깊은 통찰을 얻을 수 있을지도 모릅니다.

참여 수의 분석

앞에서는 노출 수에 대해 분석했습니다. 이번에는 참여 수를 분석해 봅시다.

참여 수는 사용자가 좋아요나 리포스트 등으로 포스트에 반응한 횟수를 말합니다.

먼저 아까와 마찬가지로 참여 수의 추이를 그래프로 시각화해 보겠습니다. 코드는 다음과 같습니다.

```
#꺾은선 그래프 작성
plt.plot(df['참여 수'])
plt.title('참여 수의 추이')
plt.xlabel('포스트 수')
plt.ylabel('참여 수')
plt.ylim(0, 2000)
plt.show()
```

다음과 같은 그래프가 작성되었다면 완료됩니다.

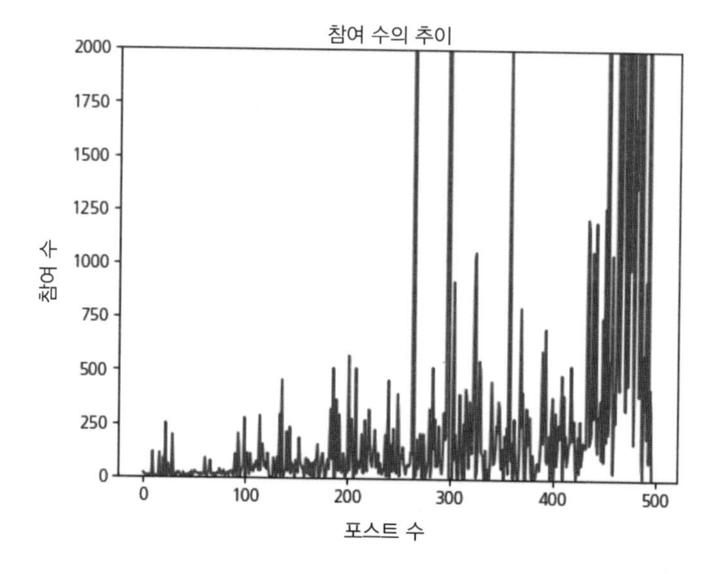

포스트수가 250을 넘은 무렵부터 참여 수가 많은 트윗이 나오기 시작해, 450 정도부터 단번에 참여 수가 증가한 것을 알 수 있습니다.

노출 수 추이 그래프와 비교하면, 포스트 수가 450 정도의 타이밍에 단번에 증가한 점은 일치하고 있네요!

한편, 노출 수가 갑자기 많아지고 있을 때 참여 수도 눈에 띄게 많아지는가 하면, 반드시 그런 것은 아닌 것 같습니다.

그렇다면 이 노출 수와 참여 수 사이에 어떤 관계가 있는지 살펴보겠습니다.

두 변수의 관계를 조사하고 싶기 때문에, 그래프의 종류는 산포도를 이용해 봅시다. 산포도를 그릴 때는 plt.scatter()를 사용합니다. 코드는 다음과 같습니다.

```
#산포도 작성
plt.scatter(df['노출 수'], df['참여 수'],alpha=0.5)

#보기 조정
plt.title('노출 수와 참여 수의 관계')
plt.xlabel('노출 수')
plt.ylabel('참여 수')
plt.xlim(0, 1000)
plt.ylim(0, 500)
plt.show()
```

다음과 같은 그래프가 만들어졌으면 완료됩니다.

다소 우상향의 관계가 있는 것처럼 보이기도 합니다만, 반드시 노출 수가 많다고 해서 참여 수도 많은 것은 아닌 것 같네요.

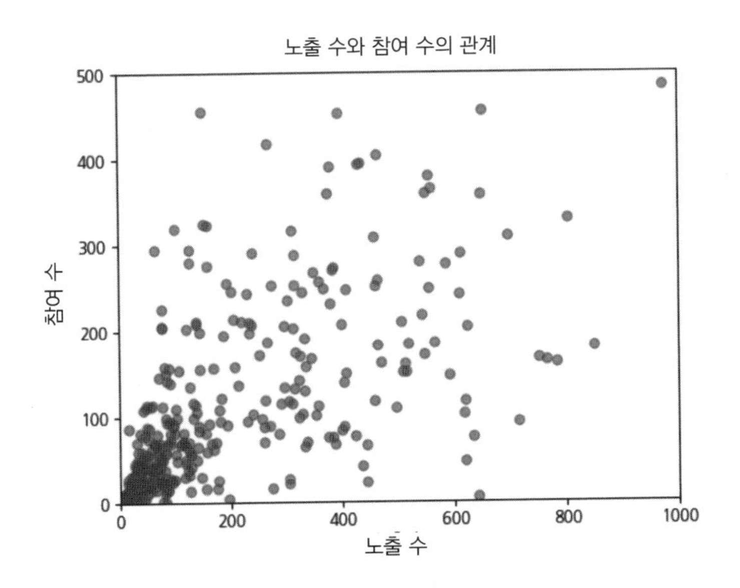

노출 수가 많은 시간대 분석

X(Twitter)의 게시글 시간대에 대해서도 분석해 봅시다.

데이터에는 "시", "분"이라고 하는 열이 있고, 이러한 열에는 포스트의 시간이 들어가 있습니다. 이번에는 포스트의 "시"에 주목하여 노출 수가 많은 시간대를 조사해 보겠습니다.

방법으로는 for문을 사용하여 각 시간대의 노출 수의 평균값을 조사하고 그 값을 리스트에 저장합니다.

"시"에는 0부터 23까지의 값이 들어있기 때문에, 각각의 시간대에 포스트를 time_tweet으로 추출하고, mean()을 사용하여 노출 수의 평균값을 산출합니다.

그리고 산출한 값을 막대 그래프로 만들어 노출 수가 많은 시간대를 조사합니다.

코드는 다음과 같습니다.

```
# 데이터 저장용 리스트를 작성
x, y = [], []

# 0시부터 23시까지의 트윗을 순서대로 추출하고, 노출 수의 평균을 y에 저장
for i in range(24):
  x.append(i)
  time_tweet = df[df['시'] == i]
  y.append(time_tweet['노출 수'].mean())

# 막대 그래프 작성
plt.bar(x, y)
plt.title('시간대별 평균 노출 수')
plt.xlabel('시간대')
plt.ylabel('평균 노출 수')
plt.show()
```

다음 화면과 같은 그래프가 만들어졌으면 완료됩니다.

포스트 수가 적은 시간대는 차이가 많이 나거나, 극단적으로 노출 수가 많은 포스트 하나로 인해, 평균값이 끌려갈 가능성도 있습니다.

그러나 이 그래프에서 보면 밤늦은 시간대 쪽이 노출 수가 증가하기 쉬울지도 모르겠네요.

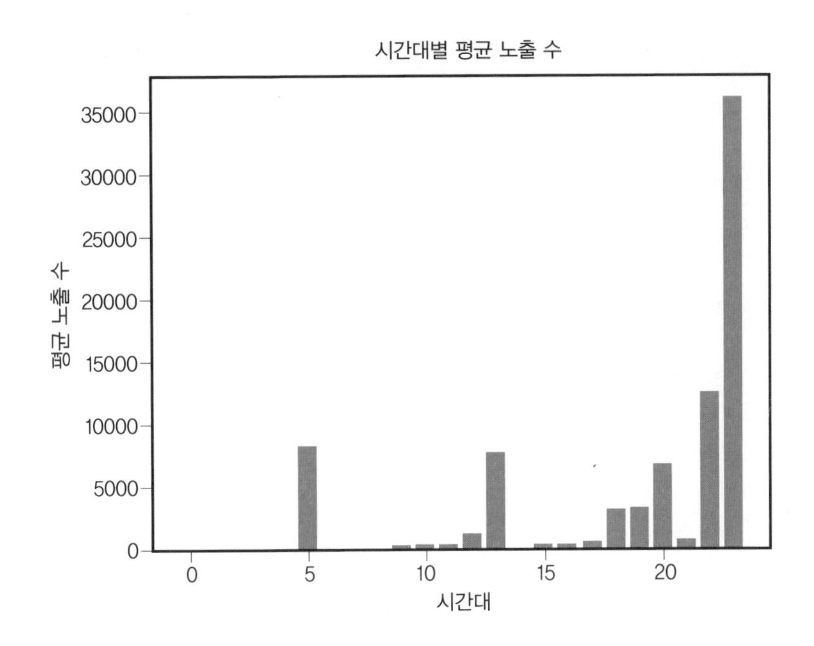

 트윗 수가 많은 시간대 분석

그럼, 실제 포스트는 어느 시간에 많이 작성되고 있는 것일까요?

아까와 마찬가지로 각 시간대의 트윗 수를 막대 그래프로 나타내 봅시다.

이번에는 포스트 수를 세고 싶기 때문에, 각각의 시간대에 포스트를 time_tweet으로 추출하고, len()을 사용하여 포스트의 총수를 카운트합니다.

len()은 리스트 등의 요소 수를 카운트할 때 사용하는 함수입니다. 사용 빈도가 매우 높은 함수이므로, 기억해 두도록 합시다!

코드는 다음과 같습니다.

```
# 데이터 저장용 리스트를 작성
x, y = [], []

# 0시부터 23시까지의 포스트를 순서대로 추출하고, 각 시간대의 총 포스트 수를 
y에 저장
for i in range(24):
  x.append(i)
  time_tweet = df[df['시'] == i]
  y.append(len(time_tweet))

# 막대 그래프 작성
plt.bar(x, y)
plt.title('시간대별 포스트 수')
plt.xlabel('시간대')
plt.ylabel('포스트 수')
plt.show()
```

다음 페이지와 같은 그래프가 만들어졌으면 완료됩니다.

실제 포스트는 18시에서 20시에 많이 작성되어 있는 것 같습니다.

노출 수를 늘리는 것을 목적으로 생각한다면, 조금 더 게시글 작성 시간대를 늦추는 편이 좋을지도 모르겠네요!

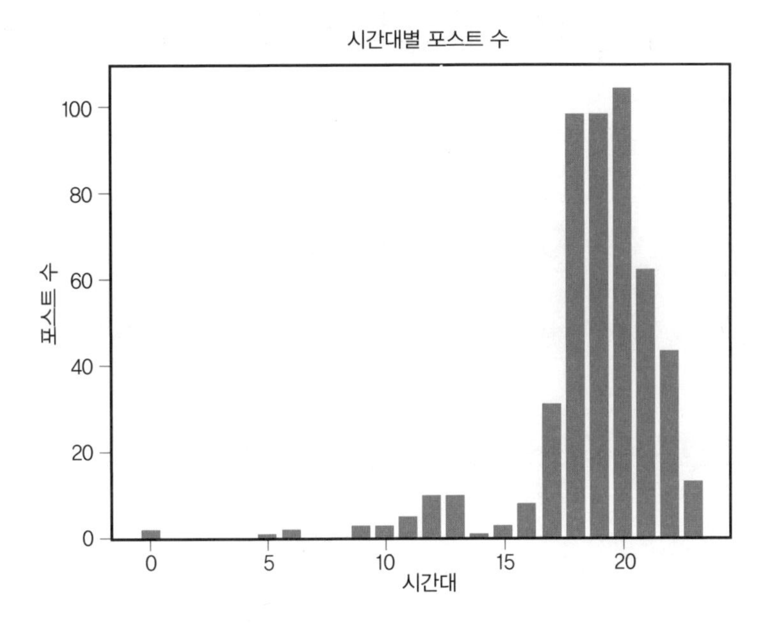
시간대별 포스트 수
포스트 수
100
80
60
40
20
0
0
5
10
15
20
시간대

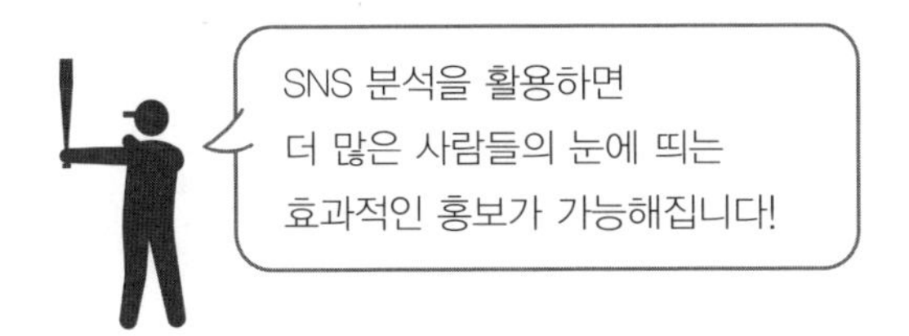
SNS 분석을 활용하면
더 많은 사람들의 눈에 띄는
효과적인 홍보가 가능해집니다!

Column

프로그래밍에서 ChatGPT 활용법

프로그래밍에 도움이 되는 ChatGPT

최근 기술의 진화는 경이로운 속도로 진행되고 있습니다. 그중에서도, 생성 AI(Generative AI)의 영역에 있어서의 기술의 비약적인 진화는 주목할 만합니다. 그 중심에 위치한 것이 바로 OpenAI가 개발한 GPT 시리즈와 그 응용인 ChatGPT입니다. 전 세계적으로 큰 화제가 되었기 때문에, 이름을 들어 본 적이 있는 분이나 실제로 이용하고 있는 분도 많을 것입니다.

ChatGPT의 진화는 프로그래밍 세계에도 큰 변혁을 가져오고 있습니다. 지금까지 프로그래밍은 전문적인 지식을 가진 사람들에 의해 행해져 왔습니다. 하지만 ChatGPT의 출현으로 프로그램의 코드를 작성하는 과정이 바뀌고 있습니다.

오늘날에는 구체적인 요구사항이나 기능을 ChatGPT에 전달하는 것만으로 필요한 코드를 생성할 수 있게 되었습니다. 예를 들어, 데이터를 분석해 그래프를 그리는 프로그램이나 특정 동작을 자동화하는 스크립트 등 다양한 요건에 맞는 코드를 ChatGPT가 제공합니다.

따라서 이 칼럼에서는 Python에서 프로그래밍을 할 때 도움이 되는 ChatGPT의 사용법을 소개하려고 합니다.

오류 대처

프로그래밍에는 오류의 발생이 따르기 마련이고, 오류와 씨름하면서 스킬을 향상하게 됩니다. 하지만 오류 메시지를 읽고 파악하는 것은 어렵고, 어디에 문제가 있는지 몰라 고전하는 경우도 많습니다. 특히 초보자에게 있어서는 오류대처가 거대한 벽이 되어, 수많은 이들이 좌절하기도 했습니다. 그래서 ChatGPT를 활용한 오류 대처법에 대해서도 소개하겠습니다.

예를 들어, Hello, World!를 화면에 출력하는 프로그램을 작성한다고 합시다. 정확하게는 print('Hello, World!')인데 print('Hello, World!)와 같이 마지막 따옴표가 누락되어 오류가 발생했다고 합시다.

이 경우 아래와 같이 ChatGPT에 질문하면, 오류의 원인과 대처법을 알려줍니다!

Python의 코드를 실행했을 때 오류가 발생했습니다. 오류의 원인을 파악하고 해결 방법을 알려주세요.

・실행한 코드

```
print( 'Hello, World!)
```

・발생한 오류

```
  File "<ipython-input-1-7e0020141ea8>", line 1
    print('Hello, World!)
          ^
SyntaxError: unterminated string literal (detected at line 1)
```

ChatGPT에 대한 질문의 포맷으로는, 먼저 ChatGPT가 해줬으면 하는 것을 적습니다. 앞서 들었던 예로 "Python의 코드를 실행했을 때 오류가 발생했습니다. 오류의 원인을 파악하고 해결 방법을 알려주세요."입니다. 그리고 그 아래에 실행한 코드와 발생한 오류 메시지도 기재합니다.

이렇게 해서 실제로 ChatGPT에 질문을 해보니 다음과 같은 답변이 돌아왔습니다.

오류의 원인은 문자열을 나타내는 따옴표(`'` 또는 `"`)가 제대로 닫히지 않았기 때문입니다.

실행한 코드에서 `print( 'Hello, World!)` 부분을 보면, 문자열의 시작은 `'`로 열렸지만, 닫히는 부분에 짝이 맞지 않은 `'`가 사용되지 않았습니다. 또한, 시작 따옴표가 잘못된 유형의 따옴표 (`'`)로 쓰였습니다.

수정된 코드는 다음과 같습니다:

이렇게 하면 문자열이 올바르게 시작하고 끝나므로, 더 이상 `SyntaxError`가 발생하지 않을 것입니다.

따옴표가 올바르게 쌍을 이루고 있지 않음을 지적하고, 수정 후의 코드도 알려주었습니다. 코드가 복잡하거나 길면 적절한 수정방법이 돌아오지 않을 수도 있지만 오류 대처의 힌트가 되는 경우가 많습니다. 오류의 원인이나 대처 방법을 모를 때에는 꼭 시도해 보세요.

코드 개선

오류 대처뿐만 아니라 코드 개선에도 ChatGPT를 활용할 수 있습니다.

예를 들어, 아래와 같이 원형 그래프를 출력하는 코드를 작성했다고 합시다.

```
#원형 그래프 작성
counts = df['pitch_type'].value_counts()
plt.pie(counts, labels=counts.index, counterclock=False,
startangle=90)
plt.show()
```

출력하는 그래프에 "오타니 투수의 구종 구성"이라는 제목을 붙이고 싶은 경우에는 아래와 같이 ChatGPT에 질문함으로써 코드 개선 방법을 알아낼 수 있습니다.

```
아래는 원형 그래프를 작성하는 Python 코드입니다. 출력할 그래프에
「오타니 투수의 구종 구성」이라고 제목을 붙이는 방법을 알려주세요.

#원형 그래프 작성
counts = df['pitch_type'].value_counts()
plt.pie(counts,labels=counts.index,counterclock=False,
startangle=90)
plt.show()
```

질문의 포맷으로는 코드의 내용과 새롭게 하고 싶은 것을 전달한 후, 실제 코드를 기재합니다.

실제로 ChatGPT에 위의 질문을 던지면 다음과 같이 돌아왔습니다.

원형 그래프에 제목을 추가하려면 `plt.title()` 함수를 사용하면 됩니다. 아래와 같이 코드를 수정하여 그래프에 "오타니 투수의 구종 구성"이라는 제목을 추가할 수 있습니다.

```python
# 원형 그래프 작성
counts = df['pitch_type'].value_counts()
plt.pie(counts, labels=counts.index, counterclock=False, startangle=90)

# 그래프에 제목 추가
plt.title("오타니 투수의 구종 구성")

# 그래프 출력
plt.show()
```

이렇게 하면 원형 그래프 상단에 지정한 제목이 표시됩니다.

plt.title()을 사용하도록 조언해 주면서 실제 코드도 기재해주고 있군요! 이와 같이, 간단한 코드 개선이라면 상당한 정확도로 방법을 알려 줍니다.

코드 생성

특히 데이터 분석에 관해서는 ChatGPT의 Advanced data analysis라고 하는 기능을 사용하면, 무려 자동으로 코드를 생성하면서 분석을 도와줍니다.

Code Interpreter는 2024년 10월 기준, 월 20달러의 유료회원만 사용할 수 있지만, 매우 편리한 기능입니다.

사용법으로는 Settings의 Beta features이라는 항목에서 Advanced data analysis에 체크를 합니다. 그리고 ChatGPT와의 대화 화면으로 돌아가서 GPT-4 → Advanced data analysis를 클릭함으로써 이용할 수 있습니다.

예를 들면, 이 책에서 다룬 2023년 오타니 쇼헤이 투수의 데이터를 Advanced data analysis에 업로드해 봅시다. 메시지를 입력할 위치의 왼쪽에 있는 +버튼을 통해 파일을 업로드하고 "이 데이터를 읽고 데이터 내용을 확인해 주세요."라고 지시를 보냅니다.

그러면 아래와 같은 대답이 돌아왔습니다. 데이터에 대해 특별히 아무것도 설명하지 않았음에도 불구하고, 어떤 데이터가 포함되어 있는지를 이해하고 있는 것 같네요.

이 데이터셋은 2023년 Shohei Ohtani의 경기에서 던진 투구에 대한 다양한 세부 정보를 포함하고 있습니다. 주요 항목은 다음과 같습니다:

- `pitch_type`: 투구 유형 (예: FF는 포심 패스트볼, ST는 슬라이더).
- `game_date`: 경기 날짜.
- `release_speed`: 투구의 릴리스 속도.
- `release_pos_x`, `release_pos_z`: 공이 릴리스될 때의 위치.
- `player_name`: 투수 이름 (Shohei Ohtani).
- `events`: 투구 결과 또는 이벤트 (대부분의 경우 데이터가 없음).
- `post_home_score`, `post_bat_score`, `post_fld_score`: 투구 이후 홈팀, 타자 팀, 수비팀의 점수.
- `spin_axis`: 투구의 회전 축.
- `delta_home_win_exp`, `delta_run_exp`: 투구 결과에 따른 승리 기대치와 득점 기대치의 변화.
- `bat_speed`, `swing_length`: 타자의 스윙 데이터 (대부분 데이터 없음).

총 95개의 열이 있으며, 매우 다양한 투구 데이터를 다루고 있습니다. 특정 부분을 더 자세히 탐색하고 싶으시면 말씀해 주세요!

다음으로 "오타니 투수의 구종 비율을 원형 그래프로 시각화해 주세요."라고 지시해 보겠습니다. 그러면, 아래와 같이 Python의 코드가 실행되어 멋지게 원형 그래프가 그려졌습니다!

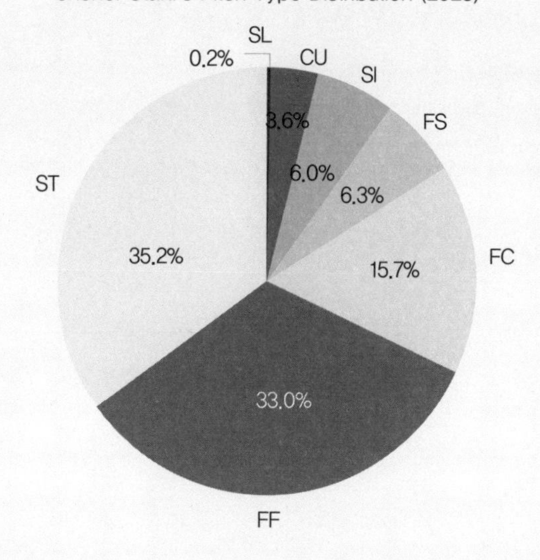

이처럼 ChatGPT를 비롯한 AI의 발전 속도는 괄목할 만합니다. 이러한 기술을 적극적으로 활용함으로써 보다 효율적으로 프로그래밍을 진행할 수 있습니다.

CHAPTER 5

데이터 분석을 효과적으로 활용하는 "전달 방법"

지금까지 그래프 작성, 매출 분석, 고객 유입 분석, SNS 분석 등 분석의 기초에 대해 설명해 왔습니다. 마지막으로, 감각적인 선수들이 많은 야구 팀에서 배운, 비즈니스 현장에서도 유용한 분석 결과의 "전달 방법"에 대해 소개합니다. 분석만 하고 끝내지 말고, 분석 결과를 성과로 이어질 수 있게 하는 "전달 방법"을 꼭 실천해 보세요.

5-1 데이터 분석과 데이터 활용의 차이

"행동 변화"가 없으면 의미가 없다

CHAPTER 4까지 분석 방법에 대해 다양한 사례를 들어 설명해 왔습니다.

그런데, 애초에 분석은 무엇을 위해 하는 걸까요?

"개인의 경험에 기반한 주관적인 지식을 객관적이고 공유 가능한 것으로 만들기" 혹은 "지금까지 알아차리지 못했던 법칙을 발견하기" 등 여러 가지 답이 있을 거라고 생각하지만, 최종적으로는 무엇인가를 "알기"나 "발견하기"가 목적이 아닙니다.

얻어진 지식과 발견을 바탕으로 현실 세계에서 행동 변화를 일으키는 것이 목적일 것입니다.

그렇다면 행동 변화를 창출하는 것을 목적으로 했을 경우, 데이터 분석의 가치는 어떻게 결정이 될까요?

필자는 다음과 같은 식으로 정의된다고 생각합니다.

분석의 가치 = 분석 결과의 가치 × 활용도(%)

이 기준으로 생각하면, 활용도가 분석의 가치에 큰 영향을 미친다는 것을 알 수 있습니다.

분석을 통해 얻은 10의 식견을 30% 실행하는 것보다, 5의 식견을 80% 실행하는 것이 더 가치 있다는 의미입니다.

분석에서 얻은 식견의 가치가 2배 더 크다고 하더라도, 활용도에 따라 최종적인 가치는 작아질 수도 있습니다.

따라서, 데이터 분석 프로젝트에서는 분석 노하우에 관한 지식도 물론 중요하지만, 그것만큼이나 활용도를 높이기 위해 무엇을 해야 할지도 중요해집니다.

데이터 분석은 사이언스, 데이터 활용은 아트

이 책에서는 이전까지 주로 "데이터 분석"에 대해 설명해 왔습니다.

데이터 분석이란 데이터를 처리하거나 이해하기 쉽게 시각화하는 단계를 말합니다.

분석을 할 때는 엑셀이나 프로그래밍 등의 "스킬"이 필요합니다. 이러한 스킬은 노력 여하에 따라 단기간에도 습득할 수 있습니다. 또한 데이터 분석에는 어느 정도 "정답"이 있습니다.

예를 들어, 투수가 던지는 구종의 비율을 이해하기 쉽게 나타내려면 원형 그래프가 가장 적합하고, 투수의 이닝별 직구의 속도를 시각화하려면 꺽은선 그래프가 가장 적합합니다.

이처럼 데이터 분석이라는 작업은 기본이 되는 스킬을 학습한 후 논리적인 정답을 도출해 가는, 바로 "사이언스" 그 자체라고 할 수 있습니다.

한편, 분석한 데이터에서 얻어진 통찰을 팀에 구현해 나가는 과정을 "데이터 활용"이라고 명명하겠습니다.

데이터 활용 업무에서는 엑셀이나 프로그래밍 등의 스킬이 아니라, 선수들과의 신뢰 관계라는 매우 아날로그적이고 감정적인 부분이 필요합니다.

예를 들어, 당신이 속한 회사에 갑자기 낯선 데이터 애널리스트가 와서 "이 회사는

이 전략이 잘못되어 있어"라거나 "데이터로 보면 이런 제품이 팔릴 것이다"라고 말한다고 해 봅시다.

아무리 우수하고 평판이 좋은 애널리스트라고 해도, 단지 데이터만 보고 갑자기 그런 말을 한다면 좀처럼 쉽게 귀를 기울이기 어려울 것입니다.

따라서 아무리 높은 데이터 분석 능력을 가지고 있더라도, 선수들과의 신뢰관계가 부족하다면 그 분석은 실제로 활용할 수 없습니다.

또한, 엑셀이나 프로그래밍 등의 스킬은 단기간에도 습득할 수 있지만, 상대와의 신뢰 관계는 단기간에 구축할 수 없습니다. 필요한 시간이라는 점에서 데이터 분석과 데이터 활용에는 큰 차이가 있는 것입니다.

게다가, 데이터 활용에는 데이터 분석과 달리 "정답"이 없습니다.

예를 들어 "이번 시즌의 세 번의 시합에서 첫 번째 공에 모두 직구를 던졌다"는 데이터가 있었다고 해서, 그것을 자신의 팀의 선두 타자에게 전달할까요? 아니면 그것을 바탕으로 "초구는 반드시 직구가 오니까 노려라"라고 지시를 내릴까요?

우연히 세 번의 시합 연속으로 초구가 직구였을 뿐일지도 모르기 때문에 이를 전달할지 여부와, 나아가 구체적인 플레이의 지시를 내릴지 여부에는 정답이 존재하지 않습니다.

데이터 애널리스트에게 가장 두려운 것은 신뢰를 잃는 것입니다. 만약 "초구는 반드시 직구가 오니까 노려라"라고 지시를 내리고 빗나간다면, 점점 신뢰를 잃어 데이터 자체를 활용하지 못하게 됩니다.

이처럼 데이터 활용의 일은 시간을 들여 상대와 감정적인 유대를 쌓고 정답이 없는 가운데 무엇을 어떻게 전달해 나갈지 결단해 가는 바로 "아트" 그 자체라고 생각합니다.

분석한 결과를 구현해 나가는 "데이터 활용"의 방법에는 정답이 없습니다. 상황에 따라 최적의 해답이 달라지기 때문입니다.

여기서부터는 데이터 활용도를 높이기 위해 필자가 주의하고 있는 점을 분석 전과 분석 후로 나누어 소개합니다.

> 어디까지나 참고 사례 중 하나로 보고,
> 자기 나름의 최적의 해답을 찾아가기 위한
> 힌트로 삼아 보세요.

PYTHON DATA ANALYSIS STADIUM

5-2 분석 전

 이슈 파악하기

아타카 카즈토씨가 쓴「이슈부터 시작하라」라는 책이 있는데, 그 책에 등장하는 것이 바로 이 "이슈"라는 개념입니다. "이슈"란 한마디로 설명하면, 정말로 해결해야 할 과제를 말합니다. 이「이슈부터 시작하라」에서는 일의 가치가 다음과 같이 정의되어 있습니다.

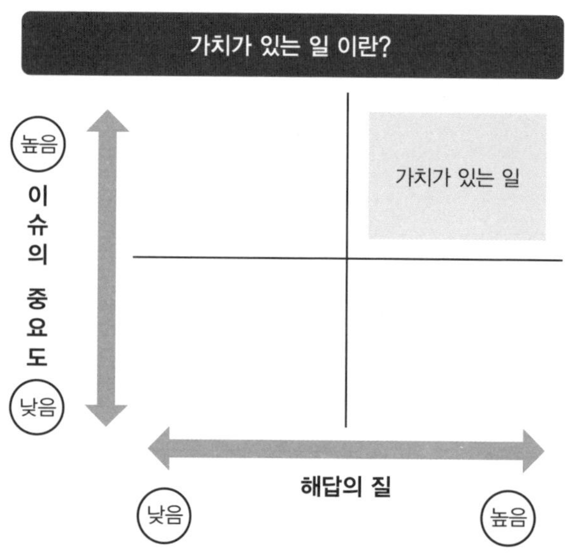

※ 출처「이슈부터 시작하라 – 지적 생산의 심플한 본질」아타카 카즈토, 에이지출판, 2010년

즉, "이슈의 중요도"(해결해야 할 과제의 중요도)와 "해답의 질"(얼마나 명확하게 답을 낼 수 있는가)에 따라 아웃풋의 가치가 결정된다는 것입니다.

필자가 지금까지 소개해 온 프로그래밍 등의 노하우는 기본적으로 "해답의 질"을 높이는 것이지만, 애초에 "이슈도"가 높은 본질적인 과제 설정이 되어 있지 않다면 가치가 높은 아웃풋을 낼 수 없습니다.

따라서, 분석에 착수하기 전 단계에서 얼마나 중요도가 높은 과제를 설정할 수 있는가가 큰 포인트가 됩니다.

이슈 설정에 필요한 "요소 환원적 사고"

그렇다면, 보다 중요도가 높은 과제 설정을 실시하기 위해서는 어떻게 하면 좋을까요?

한 가지 접근 방식으로 힌트가 되는 것이 "요소 환원적 사고"입니다. "요소 환원적 사고"란 추상적인 과제를 세세한 요소로 분해하여 해상도를 높여가는 방법입니다.

예를 들어 "야구팀의 승률을 높인다"는 과제가 있다고 합시다. 야구 경기에서는 실점보다 득점이 많은 팀이 이기기 때문에 과제 해결에는 "득점을 늘린다", "실점을 줄인다"의 두 가지 접근 방식이 있습니다.

따라서 다른 팀과 비교해 득점 수와 실점 수가 어느 정도인지를 분석하는 것은 가치가 있어 보입니다.

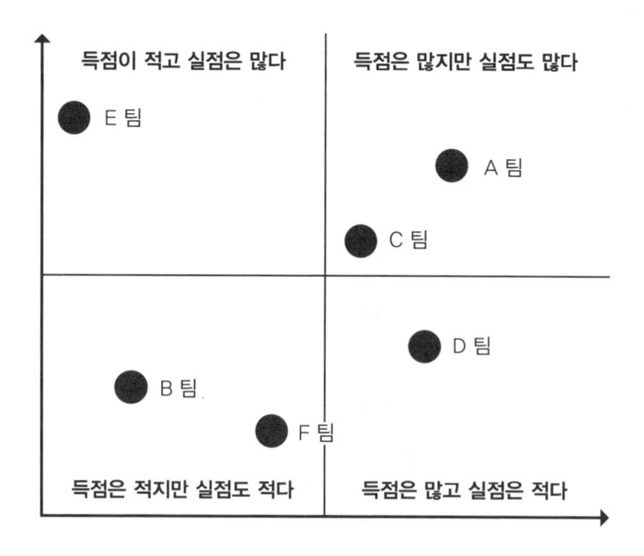

이 분석을 통해 만일 실점이 많다는 사실이 밝혀졌다고 합시다. 다음으로 알고 싶은 것은 "왜 실점이 많은가" "어떻게 하면 실점을 줄일 수 있는가"라는 점입니다.

실점으로 이어지는 요소로는 "안타를 많이 맞고 있다" "볼넷을 많이 내고 있다" "홈런을 많이 맞고 있다" "삼진을 잡지 못하고 있다" 등을 생각할 수 있습니다.

따라서 과거의 팀 성적을 거슬러 올라가 실점 수와 각각의 요소 간의 상관관계를 조사해 보는 것도 하나의 방법일 것입니다.

실점과 연관성이 높은 요소를 알게 된다면, 더욱 그 요소를 개선하기 위한 방법을 분석하는 것도 가능합니다.

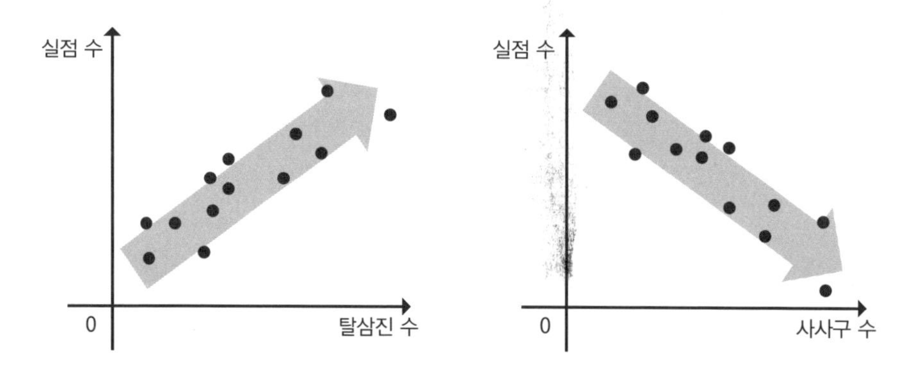

이와 같이 "요소 환원적 사고"를 이용하면, 원래의 큰 과제의 구조를 파악하면서 과제를 설정할 수 있기 때문에 과제가 엉뚱한 방향으로 가기 어려워집니다.

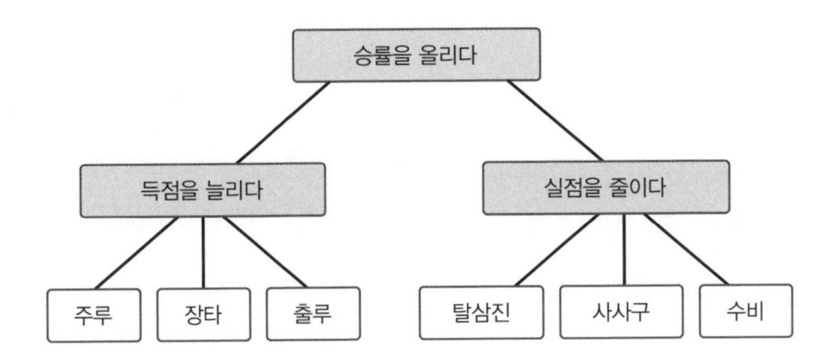

가설을 세우기

해결해야 할 이슈를 발견했다면, 이제 분석을 바로 시작하고 싶겠지만, 그전에 해야 할 중요한 과정이 있습니다. 그것은 바로 "가설을 세우는 것"입니다.

과제를 알았다면 곧바로 착수하는 것이 좋지 않을까라고 생각할 수도 있지만, 가설이 없는 채로 분석을 진행하려고 하면, "해결하고 싶은 과제는 있지만 무엇부터 분석하면 좋을지 모르겠다"라고 하는 상태가 되어 버리기 쉽습니다.

정답이 아니어도 좋으니 우선 자기 나름의 가설을 세우고 대략적인 방향성을 정하고 나서 분석을 시작하는 것이 결과적으로 효율적인 진행을 할 수 있습니다.

그리고 가설을 세울 때 중요해지는 것이 이른바 "도메인 지식"이라고 불리는 것입니다. "도메인 지식"이란 특정 분야에 대한 전문적인 지식을 말합니다. 예를 들어 요리를 하는 셰프라고 한다면, 식재료의 특성, 조미료가 가져오는 효과, 조리 방법 등에 대한 전문 지식을 말합니다. 이러한 배경 지식이 있다면 보다 조리 있게 설명가능한 가설을 세울 수 있는 것입니다.

분석자 자신이 깊은 도메인 지식을 가지고 있으면 가장 좋지만, 주제에 따라서는 반드시 그렇다고는 할 수 없습니다. 그런 경우에는 그 분야에 대해 잘 아는 사람으로부터 이야기를 듣는 것이 매우 효과적입니다.

예를 들어, 이전에 필자가 별로 지식이 없는 의료 분야에 관한 분석을 실시했을 때는, 우선 실제로 현장에서 일하고 있는 의사에게 이야기를 많이 듣는 것부터 시작했습니다.

도메인 지식에 관해서는 그 분야의 프로보다 나은 사람은 없으며, 프로만의 재미있는 가설을 가지고 있는 경우도 종종 있습니다. 분석에 들어가기 전에 우선은 프로에 대한 인터뷰부터 시작하는 것도 좋은 방법입니다.

소재 데이터의 취득 가능성과 신뢰성

가설을 세울 수 있게 되었다면, 검증에 들어가기 전에 재료가 되는 데이터에 대한 가능성과 신뢰성을 확인해야 합니다.

우선, 당연하지만 데이터가 수집 가능한지 여부를 조사해 둘 필요가 있습니다. 자신의 조직 내에서 데이터가 갖추어지는 경우에는 문제가 없지만, 외부에서 수집하거나 구입해야 하는 경우에는, 애초에 데이터를 구할 수 있는지 그리고 비용은 어느 정도 드는지를 확인해 두어야 할 것입니다.

다음으로, 이러한 데이터의 신뢰성에 대해서도 확인해 두지 않으면 안됩니다.

인력으로 수집한 데이터라면 어느 정도 정확성이 있는지가 매우 중요하고, 기계적으로 수집된 데이터라고 해도 오차가 어느 정도의 정확도로 수렴하고 있는지를 인식해 둘 필요가 있습니다.

이렇게 취득 가능성과 신뢰성을 확인했으면,
이제 실제 분석에 들어갑니다.

5-3 전달 시

의사결정의 흐름을 생각하기

전달할 때 먼저 생각해야 할 것은 어떤 흐름으로 의사결정이 이루어지고 있는가 하는 것입니다.

구체적으로는 "언제 · 누가 · 무엇을 근거로" 의사결정을 하고 있는지를 고려한 후, 분석 결과를 전달하는 것이 중요해집니다.

"언제"에 대해서는 명확한 일정이나 기한이 있는 것도 있지만, 모호하게만 존재하는 것도 있을 것입니다. 명확한 일정이나 기한이 있는 것에 대해서는, 최소한 거기에 맞추어야 하고, 타이밍이 너무 빨라도 너무 늦어도 효과적으로 활용하기 어려워집니다.

"누가"는 매우 중요합니다. 한 사람이 결정하는 경우에는 알기 쉽지만, 특히 비즈니스에서는 여러 사람이 결정하는 경우도 많을 것입니다. 그러한 경우, 강한 권한을 가진 핵심 인물이 있거나, 혹은 회의에서 정해져 있는 것처럼 보이지만, 실제로는 사전에 소수 인원의 회의에서 대체로 결정되는 것도 있기 때문에, 이러한 점을 고려해 적절한 인물에게 분석 결과를 전달하는 것이 중요해집니다.

"무엇을 바탕으로"에 대해서는 의사결정의 현장에서 무엇이 중요시되는가 하는 문맥을 파악할 필요가 있습니다. 합리적인 수치를 중요시하는 경우도 있다면, 현장에서 일하는 사람의 의향이나 감정 등이 중요해지는 경우도 있을 것입니다.

수치가 중요하다면 통계적인 근거, 현장에서 일하는 사람의 의향이 중요하다면 설문 결과 등과 같이 어필해야 할 포인트가 달라지는 것입니다.

데이터 분석 결과를 전달할 때는 이러한 의사결정의 흐름을 파악한 후 가급적 분석 결과가 효과적으로 활용되도록 배려합시다. 이를 위해서는 조직의 구조나 개개인의 의도 등을 알아 두는 것이 중요하며, 분석 업무 이외에도 평소부터 그러한 정보를 수집하는 커뮤니케이션이 중요하게 됩니다.

적절한 정보량을 생각하기

분석 결과를 전달할 때는 적절한 정보량을 생각해야 합니다. 상황이나 요구에 따라 상대가 어느 정도의 세밀한 정보를 원하는지를 파악할 필요가 있습니다.

분석 내용에 따라서는 대략적인 결론만 알면 OK하는 것도 있을 것이고, 반대로 분석 방법 등을 포함하여 세세하게 알고 싶어 하는 경우도 있을 것입니다. 또한 같은 분석 내용이라도, 전달하는 상대에 따라 어디까지 알고 싶어 하는 타입인가는 사람마다 다릅니다. 이러한 맥락을 바탕으로 결과를 전달할 때의 정보량을 신중히 검토할 필요가 있습니다.

열심히 분석한 것이기 때문에 가능한 한 전부 전달하고 싶은 기분이 들 수 있지만, 분석의 목적은 전달하는 것이 아니라 실행하는 것입니다. 전달 상대의 의사결정이나 행동으로 이어지지 않으면 본말이 전도되는 것입니다.

"상대를 움직이기 위해서는 어느 정도의 정보량이 적당한가?"를 생각하면서 아웃풋을 준비하면 좋을 것입니다!

필요한 건 "이해"가 아니라 "납득"

데이터 분석을 통해 얻은 통찰을 전달할 때 잊지 말아야 할 점은 상대방의 "이해"보다 "납득"이 필요하다는 것입니다.

왜냐하면 사람은 합리적인 이유나 논리적인 설명을 "이해"한다고 해도 감정적으로 "납득"하지 않으면 행동으로 옮기지 않기 때문입니다.

실제로 행동으로까지 이어진다는 의미에서는 극단적으로 "내용이 어렵기 때문에 이해할 수 없지만, 그래도 네가 그렇게 말하니까 해보자"라는 반응도 좋습니다.

이러한 "납득"을 얻기 위해서는 분석 자체의 내용이나 전달 방법뿐만 아니라, 자신과 전달 상대와의 관계성이 매우 중요합니다.

사람은 자신을 이해하고 존중해 주는 사람에게는 "이야기를 들어보자."라고 마음을 여는 법입니다. 그렇기 때문에, 분석의 스킬적인 부분만이 아니라 평소에 상대방의 의견에 귀를 기울이고 커뮤니케이션을 하는 것이 좋을 것입니다.

미래에는 AI의 발전 등에 의해, 분석의 과정 자체는 자동화될 것입니다. 엑셀의 등장으로 데이터 분석의 접근성이 넓어진 것처럼 데이터 분석의 문턱은 점점 낮아질 것입니다.

그러한 상황 속에서는, 평소에 면밀한 커뮤니케이션을 통해 상대방을 합리적으로 "이해"시킬 뿐만 아니라, 감정적으로도 "납득"하게 만드는 관계의 구축이 더욱 중요해질 것이라고 생각됩니다.

피드백의 수집과 활용

주제를 설정하고 데이터를 수집하며, 분석하여 결과를 정리하고, 상대방에게 결과를 전달하기까지의 프로세스는 길고 힘든 경우도 많습니다. 전달이 끝난 후에는 상당한 성취감도 있을 것입니다.

그러나 데이터 활용을 더욱 촉진하기 위해서는 "전달하고 끝"이 아닙니다. 전달한 분석 결과에 대해 수신자로부터 피드백을 수집하고 향후의 분석이나 전달 방법의 개선에 활용하는 것도 중요합니다. 피드백을 통해 수신자의 이해도나 불명확점, 의문점 등을 알 수 있고, 추가 분석을 실시하거나 이후의 전달 방식을 개선할 수 있기 때문입니다.

예를 들어, 분석 결과를 전달할 때 일방적으로 이야기하는 것이 아니라 의견 교환을 적절히 하도록 하는 것도 효과적입니다. 설명하고 있을 때 생긴 의문이나 의견을 설명이 모두 끝날 때까지 기억하고 있으리라는 보장은 없기 때문에, 잊어버리기 전에 발언해 달라고 하면 좋을 것입니다. 또한 쌍방향의 커뮤니케이션을 하면서 전달하는 것은 일방적으로 계속 이야기하는 것보다 상대방의 집중력을 유지하기 쉽기 때문에 그런 의미에서도 추천합니다.

또한, 발언 등 명시적인 피드백뿐만 아니라, 반응이나 표정 등 묵시적인 피드백에도 주목해 두면 좋을 것입니다. 의견을 말할 때는 동의하는 듯 보여도 속내로는 그다지 납득하고 있지 않는 경우도 있습니다. 그렇기 때문에, 상대가 정말로 생각하고 있는 것을 알기 위해서는 행동이나 표정 등에서 힌트를 얻을 필요가 있습니다.

이와 같이 상대방의 피드백을 수집하다 보면 새로운 의문점이 생기는 경우도 많습니다. 그 자리에서 해결할 수 있는 의문이라면 가급적 바로 대답할 수 있으면 좋겠지만, 그렇지 않은 경우는 추가 분석을 실시해, 보다 깊게 그 테마에 대해 파고들어 갑시다. 1회의 분석에만 그치지 않고 가설 검증을 반복해 나가는 것이야말로 데이터를 활용한 프로젝트의 진수라고도 할 수 있습니다.

또한, 상대로부터 얻은 피드백을 다음 전달 시에 활용하는 것도 중요합니다. 특히 팀으로 분석 프로젝트를 진행하고 있는 경우에는, 상대로부터의 피드백을 공유하고 다음번 개선 사항으로 생각하고 그룹 내에서 공통 인식을 가지는 것이 요구됩니다. 실제 수신자의 목소리에 귀를 기울이고 자료의 분량이나 난이도, 말하는 방식, 전달 형식 등을 지속적으로 개선해 나가도록 합시다.

분석 결과를 활용할지 말지는
"전달 방법"에 달렸습니다.

PYTHON DATA ANALYSIS STADIUM

5-4 실제 "전달 방법"의 사례

"한 줄로 전달하기"를 의식한 상대 리포트

여기서부터는 분석 결과를 전달하는 방법에 대해 필자가 경험한 실제 사례를 몇 가지 소개하겠습니다.

대학 야구부에서는 당시 경기 3일 정도 전에 미팅을 열어 상대 투수나 타자에 대한 데이터 공유와 확인을 하고 있었습니다. 미팅을 위해 애널리스트로부터 데이터를 정리한 자료를 만드는데, 그때 의식했던 점은 정보를 가능한「한 줄로 전달한다」는 것이었습니다.

투수 한 명에 대해서도, 투구 폼, 구종의 비율, 각 구종의 스피드와 궤도, 타자의 좌우별 공격 방법, 위기에서의 경향, 등 도움이 될 만한 정보는 산더미처럼 있습니다.

정보를 알아두면 손해는 없기 때문에, 미팅 자료에는 가능한 한 많은 정보를 넣어두고 싶습니다. 게다가 야구부의 부원이 모두 도쿄대 학생이기 때문에 정보를 머릿속에 넣는 것은 쉬운 일일 거라고 생각할지도 모릅니다.

그러나 실제로 스포츠를 해본 분이라면 공감할 것이라고 생각합니다만, 중요한 경기에서 실제로 플레이하고 있을 때는 긴장이나 주위의 분위기 등의 영향도 받기 때문에 평소처럼 냉정하게 머리를 쓰는 것은 어렵습니다.

또한 경기 장면이나 당일 자신의 컨디션 상태, 상대의 상태, 분위기 등 실제 경기 중에 느끼거나 생각해야 할 것이 많이 있습니다.

이러한 상황 속에서는 사전에 많은 데이터를 머릿속에 넣었다고 해도 거의 활용할 수 없거나, 오히려 망설임의 근원이 되어버리는 경우도 많습니다.

그렇다면 정보량 자체는 적다고 해도 경기 속에서 제대로 활용할 수 있는 리포트로 하는 편이 선수에게 도움이 될 것이기 때문에, 정말 중요한 정보만을 담아 "한 줄로 전달하기"를 목표로 했습니다.

비즈니스 세계에서 데이터 분석 결과를 전달할 때에도 상대가 어느 정도의 지식을 가지고 있는지, 어떤 상황에서 활용되는지 등에 따라 담아야 할 내용이나 볼륨 등은 달라질 것입니다. 자신의 시선이 아니라 상대의 시선에 서서 적절한 전달 방법을 검토하는 프로세스는 데이터 분석을 실제로 활용하게 만드는 데 매우 중요한 역할이 된다고 생각합니다.

일부러 외부에 공개한 블로그

필자가 도쿄대에서 애널리스트로 활동하기 시작했을 때, 제 안에서는 이런 방식으로 경기하면 조금 더 이길 수 있을지도 모른다는 아이디어는 있었습니다. 그러나 그것을 어떻게 팀에 전달할지 하는 부분에서 고민이 있었습니다.

가까운 사람에게 조금씩 이야기하는 방식으로는 속도감이 부족하고, 그렇다고 해서 100명 단위의 팀에서 전원이 논의할 수 있는 기회는 좀처럼 없었습니다.

그래서 이용한 것이 note라는 블로그 서비스였습니다.

데이터 분석에서 얻은 지식을 일부러 인터넷에 공개하고, 관심 있는 사람들이 자유롭게 읽고 토론하게 함으로써 팀에게 전해지기를 바라는 파급 효과를 노린 전략이었습니다.

또한, 야구부와는 무관한 외부로부터 피드백을 받음으로써 아이디어를 업데이트할 수 있을 것이라는 생각도 있었습니다.

결과적으로 나름대로 많은 사람들이 읽어 주어서, 팀 내에서 논의의 계기로 삼을 수 있었습니다. 블로그에 공개함으로써 간접적으로 분석 결과를 전달하는 방식은 우연히 잘 된 희귀 케이스였으며, 재현성이 낮은 방법이라고 생각합니다. 지금 생각하면 더 좋은 방법도 있었을 것입니다.

그럼에도 직접적으로 밀어붙이는 형태가 되는 것을 피하고, 왠지 모르게 눈에 띄도록 장치를 만들어 간접적으로 부드럽게 전달하는 방법도 때로는 효과적입니다.

에필로그

이 책의 페이지를 넘길 때마다, 여러분은 프로그래밍이라는 새로운 세계로 한 걸음씩 나아가고 있었습니다. 처음에는 멀고 어렵게 느껴졌던 프로그래밍의 세계가 이제는 손이 닿는 곳에 있습니다. 코드를 작성하고 실행하면서 프로그래밍의 즐거움을 느낄 수 있었다면, 이 책의 목적은 달성된 것이라고 할 수 있습니다.

이 책에서는 야구라는 친숙한 주제를 통해 데이터를 분석함으로써 프로그래밍의 즐거움과 실용성을 체험할 수 있었습니다. 분석 전의 준비부터 데이터의 처리, 그리고 데이터의 시각화까지 직접 실행해 봤으니, 프로그래밍을 통한 데이터 분석에 필요한 노하우는 대략 습득되었을 것입니다.

지금까지의 노력에 자신감을 갖고, 몸에 익힌 스킬을 더욱더 활용해 나아가 주세요.

프로그래밍의 세계는 광대하며, 프로그래밍으로 실현할 수 있는 것은 매우 많습니다. 이 책을 다 읽은 여러분은 더 많은 탐구의 여정을 떠날 준비가 되었습니다.

앱 개발, 데이터 분석, 나아가 AI 개발 등 응용 범위는 무한히 넓어집니다. 부디 자신의 흥미에 따라, 마음껏 나아가 주세요.

이 책을 통해 전달하고자 했던 메시지는 프로그래밍은 완벽을 추구하는 것이 아닙니다. 중요한 것은 시도하고 실패를 두려워하지 않고 "직접 해보는 것"입니다.

시행착오를 겪으며 에러 메시지와 싸우는 경험은 겉보기에는 멀리 돌아가는 길

처럼 보이지만, 프로그래밍을 습득하는 데 사실 가장 빠른 길입니다.

기술은 나날이 발전하고 있으며, 그 속도는 앞으로도 가속화될 것입니다. 인공지능의 발전이 진행됨에 따라 가까운 미래에는 프로그래밍 작업 자체도 대체될 것으로 예상됩니다. 스킬로써의 프로그래밍의 유통기간은 이제 그리 길지 않을 것입니다.

그러나, 이 책을 통해 몸에 익힌 것은 프로그래밍 스킬뿐만 아닙니다. "새로운 것을 배우는 것"이라는 경험도 있었을 것입니다.

실패를 두려워하지 않고, 새로운 것에 도전하며 배우는 힘은 무엇보다도 높은 범용성을 가지고 있습니다. 이 에너지만 있다면, 세상이 어떻게 변하더라도 즐겁고 창조적으로 살아갈 수 있을 것입니다. 프로그래밍의 스킬은 물론이거니와 이 책이 프로그래밍에 국한되지 않고 새로운 것에 도전하는 계기가 된다면 더할 나위 없이 기쁠 것입니다.

마지막으로, 이 책의 편집을 담당해 주신 마에다 치아키 씨에게 대단히 감사드립니다. 구성이나 내용에 대해 여러 차례 상담드렸을 때마다, 적절한 조언으로 더 나은 방향으로 이끌어 주셨습니다. 원고가 마감 직전까지 늦어지거나, 무리한 요구를 많이 들어주셔서 많은 폐를 끼쳤다고 생각하지만, 언제나 친절하게 대응해 주셔서 정말로 도움이 되었습니다. 이 자리를 빌려 감사드립니다.

또한, 필자가 프로그래밍이나 데이터 분석의 세계에 관심을 갖게 해 주신 모든 분께도 감사의 마음을 전합니다. 도쿄대 야구부의 모든 분들은 애널리스트로서의 활동에 대해 전폭적으로 협력해 주셨습니다.

그 외에도 야구를 통해 알게 된 많은 분들이 야구와 데이터의 결합이 만들어내는 재미를 가르쳐 주셨습니다.

특히, 대학 시절부터 다양한 조언을 해주신 이마이즈미 씨는 이 책의 교정도 맡아 주셨습니다.

그중에는 SNS 상에서만 접점이 있는 분도 계시지만, 공간을 공유하지 않아도 많은 영향을 받았습니다. 여러분이 없었다면 필자는 프로그래밍에 흥미를 가지지도,

지금의 일을 하게 되지도, 이 책을 집필하지도 못했을 것입니다. 멋진 인연을 주셔서 감사드립니다.

또한 친구와 가족들은 이 책의 내용은 물론, 모든 상담에 응해 주셨습니다. 여러분의 도움이 없었다면, 한 권의 책을 만들 수 없었을 것입니다.

이 책은 그러한 분들과의 공저라고 생각합니다. 정말로 감사했습니다.

YoungJin.com Y.
영진닷컴

야구 데이터로 배우는
파이썬

1판 1쇄 발행 2025년 2월 14일

저　자 사이토 아마네
역　자 고범석
발 행 인 김길수
발 행 처 (주)영진닷컴
주　소 서울특별시 금천구 디지털로9길 32
갑을그레이트밸리 B동 1001호
등　록 2007. 4. 27. 제16-4189호

ISBN 978-89-314-7876-1
http://www.youngjin.com